SOUS LES PV,
LA PAGE !

SOUS LES PV, LA PAGE !

SERGE REYNAUD

City
Témoignage

Retrouvez tous les titres City Éditions :

www.city-editions.com

© City Éditions 2025
Visuel de couverture : Shutterstock / Studio City
ISBN : 978-2-8246-4013-6
Code Hachette : 16 6408 3
Collection dirigée par Christian English et Frédéric Thibaud
Catalogues et manuscrits : city-editions.com

Dépôt légal : Janvier 2025

Sommaire

– Qu'est-ce que c'est que ça,
s'il vous plaît ?
– C'est le titre !

EDMOND ROSTAND, *CYRANO DE BERGERAC*

Sous les PV, la page[1] !
Avant-propos

La loi m'obligeait naguère à rendre compte avec précision de mes actes sur des procès-verbaux : ce livre en est un palimpseste.

Et c'est tant mieux. Car un PV judiciaire est un document qui dit le vrai, l'officiel ; c'est cadré, sans angle, sans littérature, un acmé de froide description chronologique rédigé en un style somnifère englué de maniérisme juridique. La vérité à la sauce PV, je sais faire. Je m'en suis dispensé.

Ainsi, j'ai par exemple modifié des prénoms, écrit parfois « je » au lieu de « il », ou inversement, pour préserver l'identité d'un protagoniste, ou parce que l'histoire roulait mieux, écrite ainsi. J'y tiens sans nuance : le cœur du texte reste le vrai. Mais pour bien conter, le

1. En miroir du fameux slogan « Sous les pavés, la plage ».

compte rendu doit se faire épopée[2]. Je ne l'avoue pas, je le revendique : j'écris.

J'ai tant tenu au réel que je n'ai pas versé dans l'ornière de ces mémoires de « grands flics », à jamais irremplaçables et toujours remplacés. Surtout pas de « Ma vie, mon œuvre, mon gros pistolet, mes exploits, mon ego, mon melon et c'était mieux avant. »

Lecteur attentif, tu pourras t'étonner de me voir enquêteur, agent d'intervention, superviseur de salle radio, en mission à l'étranger, en contrôle routier… Pas plus de mythomanie que de mystère : policier est une profession qui permet d'exercer plusieurs métiers en une carrière et, comme nombre de mes collègues, je ne m'en suis pas privé.

Ces ordres donnés ou reçus, ces interpellations, ces tragédies, ces contrôles, ces enquêtes, ces heures d'ennui, ces auditions, ces rigolades, ces frustrations comme ces succès, j'en avais tenu chronique officielle. Je me suis remémoré ces gris et pesants PV, je les ai effacés pour sur ces pages blanches, enfin, léger, écrire. C'est le titre.

2. Mes deux premiers livres fonctionnaient selon le même principe : *Chroniques de la main courante*, Bourin, 2009 (et en édition de poche, chez Pocket) ; *Bonne nouvelle, c'est la police !*, Bourin, 2011.

Soyons précis

L'avocat s'entretient avec son client, qui vient d'être placé en garde à vue. Juste après, il assistera à l'audition dudit client mais il se taira. À la toute fin, il lui sera demandé ses observations, qui seront notées sur mon procès-verbal. C'est encadré, c'est précis, c'est la loi.

Je dois prouver aujourd'hui, moi gardien de la paix[3], que l'interpellé savait que la dame un peu forte était enceinte quand il lui a collé une beigne ce matin. S'il ne le savait pas, ce ne sont plus, au regard du droit, des violences aggravées.

J'ai trois éléments à rassembler pour constituer l'infraction pénale, notre sainte trinité professionnelle : éléments moral, matériel et légal. J'ai l'élément moral : il l'a décidé, et c'est volontairement qu'il a frappé la dame. J'ai l'élément légal : un texte de loi clair qui réprime l'agissement fautif du monsieur, ses violences. J'ai l'élément matériel : les violences, constatées, qui ne font pas débat.

Les trois éléments sont réunis, j'ai mon infraction, je peux entamer la procédure. Mais je veux

3. Les grades de la police sont les suivants : gardien de la paix, brigadier, brigadier chef, major. Au-dessus ce sont les officiers, puis encore un cran plus haut les commissaires.

la circonstance aggravante, elle aussi prévue par la loi : sur femme enceinte. Or, la dame enrobée était enceinte de cinq mois et demi seulement, donc il pourrait arguer qu'il ne le savait pas. Douteux, mais ça se plaide.

On ne peut être puni que pour ce que l'on a commis en conscience. C'est ainsi, c'est la loi. Il ne savait pas qu'elle était enceinte ? Violences. L'état de la dame était apparent, il savait qu'elle était enceinte ? Violences aggravées. Il le savait, j'en suis sûr, mais je dois le prouver. Je n'ai pas le choix ; la loi, rien que la loi.

L'interpellé a parlé en toute confidentialité à son avocat pendant une demi-heure. À mon tour. Procès-verbal d'audition, cliquetis sur clavier, question, réponse. Et pourquoi vous l'avez frappée ? La grosse elle m'a mal parlé. Qu'est-ce qu'elle vous a dit ? Ella m'a dit que, blabla d'échauffement que je transcris à mesure.

L'avocat face à moi, à droite de son client, garde son masque impassible. Je déroule mes questions usuelles, et j'adopte dorénavant le ton de la routine lasse. L'avocat croise les jambes, lève un sourcil.

— Bon, je comprends. Elle vous parle mal dans la file d'attente et vous, normal, vous êtes énervé, vous réagissez, vous lui mettez une claque, elle mérite. OK. Pas très sympa, mais je comprends. Par contre, je ne comprends pas : avec son gosse dans les bras, la dame qui fait 1 mètre 78 et vous qui n'êtes pas bien grand, vous avez quand même des petits bras… vous avez réussi à lui mettre une claque comme ça, du premier coup ?

— D'abord y avait pas de gosse, et puis je suis pas petit, qu'est-ce que vous racontez ? Je fais 1 mètre 62 !

— Ah ? J'aurais dit moins… Ah mais en plus des témoins disent, attendez, je l'ai lu quelque part, un truc du genre : « Le petit monsieur a giflé la grande dame… »

Je cherche dans le dossier, je ne trouve pas, je froisse, farfouille, m'impatiente.

— Il y en a un qui dit qu'elle avait un gamin, ou alors un bébé dans les bras, je me souviens, je vais le retrouver… Je sais plus, en tout cas il est précisé que le petit monsieur…

— Mais je suis pas petit, à la fin ! Et puis elle avait pas de bébé dans les bras, juste son gros bide, c'est tout !

— Son gros bide ?

— Ben oui, elle était enceinte mais y avait pas de bébé, ni rien du tout ; et je fais 1 mètre 63, je suis pas petit !

L'avocat décroise les jambes.

— Un instant, le temps de le taper sur le PV. Question : La dame avait-elle… une caractéristique… physique ? Réponse : Oui, la dame était… enceinte.

L'avocat se touche la tempe du bout des doigts, sa paume cache son visage à son client. Il ferme les yeux trois secondes. Puis en entrouvre un seul, droit vers moi.

Récapitulons, les faits seulement. Il a fermé les deux yeux, puis en a entrouvert un. Un clin d'œil, c'est quand on garde l'autre œil ouvert.

Si la connivence d'un avocat avec un policier était une infraction pénale, nul enquêteur ne pourrait rien retenir contre lui. Il a fermé les deux yeux avant d'en rouvrir un seul, donc techniquement il n'y a pas eu clin d'œil, donc pas d'élément matériel et donc, pas d'infraction.

La loi, rien que la loi.

Jo quoi ?

Le mince septuagénaire en costume attend en silence la fin du contrôle à son volant. J'ai les papiers du gars dans la main, mes collègues autour assurent en silence la protection, je sollicite l'opérateur radio pour qu'il passe ce conducteur au fichier des permis de conduire[4] et, à l'énoncé de son identité, plus rien n'existe plus.

Tous mes collègues ont quitté leur position initiale et se sont groupés sur mes épaules, au-dessus du permis, quatre neuneus en uniforme veulent voir « *Sans déconner, Serge, j'ai bien compris le nom, là* ? » le permis du monsieur très patient, très poli qui « *Je le crois pas, c'est lui, pour de bon* ?! » attend la fin du contrôle avec bonhomie, un fin sourire apparaissant à mesure des « *Mais Serge, bon sang, tu vois pas qui c'est* ? » marques d'admiration béate qui émanent du paquet de mes subordonnés décidément aussi martiaux qu'une armée « *Non mais arrête, tu connais pas Josip Skoblar* ? » de midinettes prépubères en jupette fluo à un concert de Beyoncé.

4. En réalité, le Service national des permis de conduire (SNPC).

Et non, je ne sais pas qui est ce monsieur dont je dois relire deux fois l'identité avant de réussir à la prononcer en entier. Jo-sip Sko-blar. Mes potes, bons flics au demeurant, se sont transformés en fans nunuches à carnets d'autographes roses, en rang devant la portière conducteur du sieur Zoplar. Je le rêve. Ils lui font signer leur carnet d'amendes forfaitaires. Je le rêve.

— Mais Serge ! Skoblar, quoi ! On est à Marseille, fais un effort !

Ah, ben non. Vu l'enthousiasme général, ce doit être un ancien de l'OM, le club de balle au pied local dont l'existence, le palmarès tout autant que la composition m'indiffèrent, tout comme d'ailleurs n'importe quel club de toute activité physique : le sport, je pratique, je ne regarde pas.

Du fouillis d'exclamations et jappements d'extase émanant du paquet de collègues, je décrypte que ledit Skoblar est une célébrité du ballon rond qui *attaques fulgurantes – passes de génie – courses balle au pied – tirs croisés brossés frappes d'enfer – tirs poteau penalty – 174 buts – attaquant légendaire – Championnat de France 1971 – et Allez l'Ohème* et donc, voilà.

Pas chien, d'autant que M. Stoklar (j'y arriverai pas), qui fait quinze ans de moins que son âge, est en règle, je lui rends son permis et le salue. Lui, toujours aussi souriant, remercie son fan-club en uniforme, enclenche en douceur la première de sa berline de luxe et se dirige vers le stade tout proche. Le paquet de machos à casquette doublés de groupies en pâmoison se tourne vers moi, leur chef.

— Dis-nous, Serge, juste pour rire, une question : s'il avait pas eu son permis sur lui, tu lui aurais mis l'amende ?

— Ben évidemment, cette question !

La place surchauffée puant le gasoil, le platane sec et le bitume viennent de perdre trois degrés.

— Quoi ? Vous vous plaignez comme moi toute l'année des coupe-file, des passe-droits, des pistonnés qui vous passent devant sans même vous regarder au passage, et vous ne lui auriez pas collé la non-présentation de permis ? Juste parce que c'est un ancien footballeur ? Vous déconnez, les gars ! Célèbre ou anonyme, Zinedine Zidane ou mon boulanger, tout le monde pareil. C'est la loi, et si tous les agents de l'État étaient sur la même longueur d'onde, la société tournerait un peu mieux.

Je sens qu'ils ne me contrediront pas, parce que j'ai raison. Qu'ils le savent. Que je suis le chef. Qu'ils n'ont pas d'argument à m'opposer. Et que j'ai tort.

Parce que c'est comme ça. Si jamais j'avais rédigé cette amende, tous mes gars se seraient proposés dans la seconde pour la lui faire sauter, nonobstant le mépris compact qu'ils m'auraient opposé deux bonnes semaines d'affilée. Désespérante, injuste, prévisible et pathétique nature humaine.

Mais je vous l'ai dit et donc je l'écris, les gars, je ne le répéterai pas : si jamais un jour on contrôle Daniel Pennac[5] sans casque et ivre mort au guidon d'une Harley sans pot d'échappement, les gars, je ne plaisante plus, c'est trop grave, le premier de mon équipe qui tend la main pour lui prendre ses papiers, je lui mange un doigt.

---

5. Daniel Pennac est l'auteur entre autres de *La Fée Carabine*, *Monsieur Malaussène*, *Des chrétiens et des Maures*, *Au bonheur des ogres*, *Chagrins d'école*, et tant d'autres, quasiment tous indispensables. À lire absolument, c'est un ordre.

Logique

Mon commissaire m'a convoqué, il me reçoit depuis plus de cinq minutes maintenant, il attaque la conclusion :

— Nous sommes en sous-effectif partout. Certains soirs, je n'ai même pas assez de fonctionnaires pour constituer le nombre minimum de patrouilles. Même en ne mettant que deux personnels par équipage, je n'y arrive plus. Vous comprendrez, monsieur Reynaud, qu'affecter même un seul policier à la lutte contre les marchands de sommeil, je ne peux plus me le permettre. Nous sommes déjà débordés avec les vols, les violences, la délinquance routière, les…

Je sais tout cela. Je sais aussi que les victimes des marchands de sommeil sont toujours des pauvres, souvent des étrangers sans papiers, qui se font extorquer des loyers ahurissants pour loger dans des piaules inqualifiables, parce qu'il n'y a pas d'autre choix. Mes enquêtes sont longues, laborieuses, je dois me coordonner avec les services de l'État, de la région, du département, de la ville, il me faut convaincre les victimes une à une que la police est là pour les aider, eux qui ont peur de leurs logeurs, peur de la police, peur des juges, et selon eux c'est comme ça, on n'y peut rien.

— Nous n'avons pas les effectifs, monsieur Reynaud. Et puis, il n'y a pas de plaintes. Nous sommes noyés sous les plaintes : une agression, une plainte, une voiture éraflée, une plainte, un vol de portable, une plainte. Mais la « soumission de personne vulnérable à des conditions d'hébergement indigne » ? Zéro. Pas de plainte. Et pour moi, les chiffres parlent, zéro plainte, c'est zéro affaire. Vous avez fait du bon boulot dans cette niche, mais…

Il se force, je le sens, il n'y croit pas lui-même mais il me le dit cash, en face. Je ne lui en voudrai donc pas. Il supprime mon poste, et m'affecte ailleurs.

L'habitat indigne ? Pas de plainte, pas d'affaire.

L'habitat indigne, ça n'existe pas.

Total estimé

J'ai aligné mes gars, tout le monde est équipé, les casques sont au côté[6], les boucliers, au pied[7]. La manif est gigantesque, et bon enfant. Ils sont au moins trois mille rien que sur le port, et le défilé n'a pas commencé que les avenues alentour sont déjà bondées. Aucun de nous n'a souvenir d'une telle affluence : à vue de nez ils doivent être trente mille, et il en vient encore de partout. Aucune inquiétude cependant, on est bien plus près de la fête foraine en famille que de l'émeute. Il fait beau, ça va être une belle journée pour tout le monde. Mais tout de même, on aimerait bien savoir : trente mille, trente-cinq mille ? Les compteurs doivent exploser, à la préfecture.

— Oh, Jef !

Mon adjoint vient de reconnaître dans la foule Jean-François, un gardien de la paix en poste dans notre section il y a six mois de cela, avant que sa mutation soit acceptée aux RT[8]. On ne peut pas dire qu'il joue

6. Non porté sur la tête, mais accroché au ceinturon.

7. Posé sur la tranche, au sol devant soi.

8. Renseignements territoriaux, le nouveau nom des anciens Renseignements généraux, alias RG. En tout cas leur nom du moment, avant le prochain changement de nom pour effectuer les mêmes missions, qui au passage n'ont jamais inclus le renseignement politique, jamais, interdit, pas beau, houla, manquerait plus que ça

aux agents secrets : il se balade entre les manifestants avec sa radio apparente, en conversation avec la salle de commandement. Oh mais c'est vrai, ça ! Vu sa nouvelle affectation, il doit être chargé du décompte des manifestants pour le préfet, il pourra nous renseigner.

Il vient vers nous, tout sourire. Il finit son appel radio en arrivant à notre hauteur :

— Trois mille cinq cents participants, terminé. Alors les gars, toujours fidèles au poste ?

On se donne des nouvelles de la hiérarchie, des enfants ; Jef était un pilier de la section, bon procédurier, toujours souriant, jamais grognon, une pâte, on regrette son départ mais il a l'air bien dans son nouveau job donc tant pis, la roue tourne.

— Qu'est-ce que tu disais en arrivant ? Trois mille cinq cents manifestants ?

— Ah, tu as entendu ? Oui, trois mille cinq cents.

— Mais trois mille cinq cents où ?

Il fait un signe du bras englobant le port, les quartiers alentour, la ville :

— Trois mille cinq cents au total.

— Jef ? Trois mille cinq cents, c'est en dessous de ce que nous on voit, là, devant nous. Tu es là, on est là, on voit la même chose, non ? D'où tu les sors, tes trois mille cinq cents ?

— Trois mille cinq cents. Et les nouveaux arrivants, ils s'adaptent à l'unité, pas trop dur, le maintien de l'ordre pour les petits jeunes ?

Ce doit être un code entre eux. Du genre « multiplier par dix pour avoir le vrai chiffre ». Je dis dix, j'en sais rien, si ça se trouve c'est douze et demi. Autres méthodes, confidentialité de rigueur, pas de souci, on oublie la question.

N'empêche, on pourra dire ce qu'on veut, ils sont trop forts pour nous, aux RT. La preuve, le journal télé du soir, le journal régional du lendemain, annonceront le fameux « nombre de manifestants selon la police » : trois mille cinq cents. Trop forts.

Béni oui-non

Romuald, encombré d'une brassée de branches feuillues, en distribue à tous les collègues en tenue, juste avant que j'annonce le rassemblement.

— C'est des vrais ?

— Tu y es allé, sans déconner ?

— Évidemment, que j'y étais, c'est des vrais ! Je mentirais pas avec ça. Tiens, Serge, prends-en un, sers-toi.

Que je prenne quoi, un bout de bois avec des feuilles ? Et pourquoi tout le monde se précipite dessus ? Et pourquoi il m'offrirait un bout de bois ?

Gilles, notre colosse en bleu :

— Oh, c'était hier ? Putain, j'ai oublié ! Donne-m'en, Romuald, steuplé !

— Vas-y, sers-toi. Ils ont été bénis devant moi, tu peux y aller.

Les brindilles, Marseille ! Bon sang, la bénédiction des rameaux à Notre Dame de la Garde, alias la Bonne Mère ! Et dix collègues, tous plus jeunes que moi, qui tendent les doigts vers la verdure en branches. Sans rire ?

Soit, hypocrite, je me jette sur la branchette, soit je dis non merci. Soit je me trahis, soit je les déçois.

En même temps, ce n'est qu'un symbole. Oui, mais on vit de symboles, c'est crétin mais important, les symboles. Ça ne résout pas le dilemme. Athée à la maison, laïque au travail, je le prends, le bout de bois ?

Rachid accepte sans malice une branchette. Après tout, quand il avait apporté ici même le plateau de pâtisseries de fin du ramadan préparées par sa maman, personne n'y avait vu offense. Je pourrais faire un effort, non ? Oui ? Non ? Pas de bonne solution.

J'avais mangé deux loukoums, symboliques et trop sucrés mais offerts de bon cœur. Alors, le rameau ?

À la nuit, chez moi, j'ai jeté trois brindilles et dix feuilles d'olivier à la poubelle.

Une petite lâcheté sans conséquence. Encore une.

En fait, non. Ou alors oui ? Peut-être. Bof.

L'organisation, la clé du succès

— Bonjour, je parle bien à Serge Reynaud, affecté à Marseille ?

— Oui ?

— Capitaine Goulet, sous-direction de la Pédagogie, à Lognes. Je suis ta cheffe de stage pour la semaine prochaine. Je t'appelle pour te dire que contrairement à ce que dit ton télégramme de convocation, pas la peine d'apporter des draps lundi, c'est le centre de formation qui les fournira.

— Des draps. C'est cela. Lundi, en stage. Mais bien sûr. On est vendredi, c'est la Toussaint, je ne savais pas qu'il existait une sous-direction de la Pédagogie, je suis en congé depuis une heure pour les quinze jours à venir, je n'ai aucun stage prévu, je ne savais même pas qu'il y avait une ville en France qui s'appelait Lognes, et tu pourrais me la refaire lentement ?

— Attends, ton matricule c'est le 584 077 ?

— Oui ?

— Et tu pars en mission extérieure pour un an, ça au moins tu le sais ?

— En mission extérieure ?

— Ah. Ton télégramme d'affectation a été envoyé à ton service… ce lundi. Désolée, ce n'était pas à moi de te l'apprendre. Tu as réussi les sélections, tu seras déployé à Capljina, au profit de l'Union européenne, le 4 janvier prochain. C'est au sud de la Bosnie-Herzégovine. J'espère que c'est une bonne nouvelle ?

— Disons que c'est un peu abrupt. Ma compagne est près de moi, elle me fait les grands yeux, je lui dis quoi ?

— Houla, ne m'entraîne pas là-dedans, j'y suis pour rien ! En tout cas, le stage de prédéploiement est obligatoire. Il commence lundi.

— Donc je dis à ma chérie que nos vacances sont annulées pour cause de stage, et que je pars dans les Balkans pour un an à compter de janvier, c'est bien ça ?

— En gros, oui.

— Si je me souviens bien, un des buts de la mission est d'enseigner aux policiers bosniens la bonne gestion d'un service de police. Moi, de la police française. Je leur apprendrai l'ironie, aussi.

Fashion hero

Dans notre unité dédiée à l'interpellation en flagrant délit, Sylvie fait l'unanimité : c'est la plus belle flic du département. Et puis alors, de loin. Mais peu importe, ce midi, elle n'est pas encore là. On est entre hommes, et je me fais ouvrir en deux.

Je suis arrivé au boulot avec sur la tête une casquette en cuir. Ne jamais porter ce genre d'accessoire quand Dédé est de service. Ça n'a pas raté :

— Bien, ta casquette, Serge. Non, bien, vraiment. Tu changes d'orientation sexuelle quand tu veux, tu es le chef, mais juste : préviens, ça surprend. C'est d'un viril, ce cuir mauve : ils font le kilt et les talons aiguilles assortis, pour les soirées ?

Rire avec la meute, laisser passer le plus gros. Huit poilus se foutent de moi, je ne peux pas gagner. Lors d'une accalmie, je tente :

— C'est un cadeau de ma copine : on se promenait sur le marché de la place Fouque, ça lui a plu, et moi…

— Oh le viril ! Et j'achète mes fringues au marché, et j'obéis à ma copine ! Ça, c'est du bonhomme !

Les gras rires, dont le mien, finissent par se calmer. Je distribue les missions, puis on entame le déjeuner.

Sylvie entre, se dirige vers la cafetière dans un silence de marbre et de testostérone. Elle porte la même tenue d'intervention que nous mais sur elle, c'est pas pareil. Elle, pimpante :

— Bonjour les gars, bon appétit ! Serge, je t'ai vu arriver avec ta casquette, c'est classe, ça te va super bien !

Sucre liquide le beau silence s'alanguit, s'étale plus encore. Dédé enfin, à mon endroit, doucement :

— Sur quel marché, t'as dit ?

Une puissance moyenne

[Mission – Europe]

Le secrétaire d'État américain – leur ministre des Affaires étrangères – vient de quitter le Monténégro pour rallier Washington, mais il fait un détour, il vient nous voir. Ex-partenaire de travail de notre ambassadeur quand ils œuvraient tous deux au siège des Nations unies, il a décidé de lui rendre une visite de courtoisie impromptue. C'est dans deux heures : l'ambassade explose.

La domesticité bourdonne, les secrétaires sont sur les dents, les diplomates donnent ordres et contre-ordres et nous, gardes de sécurité, tentons de comprendre le programme à venir pour le sécuriser. Entretien dans le bureau de l'ambassadeur ? Visite de l'ambassade, un sublime palais Renaissance empli d'œuvres d'art ? Promenade à pied dans le centre historique ? Personne pour nous renseigner, on est dans le flou total mais oh, voilà le diplomate responsable de la sécurité, monsieur ! Monsieur s'il vous plaît !

— Oui ?

— Au vu de la visite annoncée, vous pouvez nous donner quelques informations ?

— Des informations ?

— Oui, des horaires, un programme, quelque chose ? Par exemple, ce sont des Américains, on les connaît, ils vont débarquer à quatre ou cinq voitures blindées, au moins dix officiers de sécurité armés jusqu'aux dents, qu'est-ce qu'on fait ?

— Comment cela ?

— Eh bien oui, on ne laisse entrer ici aucune voiture inconnue sans la passer au contrôle anti-explosifs, et aucune arme ne doit entrer dans cette ambassade. De plus, nous ne pourrons pas surveiller tout ce beau monde dans le palais, et nous devons veiller à la sécurité des personnels, des documents, des coffres, de tout : où sont-ils autorisés à se rendre ?

— Vous en avez fini ?

— Eh bien, pour tout vous dire, je commence à peine…

— Vous en avez fini. Ils se garent où ils veulent, vous leur laissez leurs armes, ils font ce qu'ils veulent, où ils veulent, pour le temps qu'ils veulent et je ne veux pas vous voir durant le temps de la visite.

France, sixième puissance du monde. Peut mieux faire.

Surveille tes arrières

Nouvellement promu au grade supérieur, me voilà entre autres préposé à la formation continue de mes jeunes collègues. Hé oui, CRS[9] parisienne, donc unité où personne ne veut être affecté donc, ô surprise, remplie de stagiaires à peine sortis de l'école de police, encadrés par des gradés tout neufs obligés d'être là pour étrenner leur grade avant de repartir par tout moyen, le plus vite possible, en province[10].

Ce soir, c'est meeting pour la présidentielle. On a encadré celui de la candidate de gauche dimanche dernier, ce soir c'est au tour de celui du candidat de droite. Même dispositif, mêmes équipements, mêmes consignes. Équipés comme des Robocop, tous nos matériels prêts à l'emploi, et cette fois encore pour rien. Tant mieux, d'ailleurs : intervention musclée dehors ou parties de cartes dans le car, on est payés pareil.

Les derniers militants pleins de drapeaux, d'écharpes, de calicots et de certitudes quittent les lieux, il est temps pour nous de plier les gaules. Je descends du car, fais ouvrir les soutes et sortir les caisses de rangement.

---

9. Compagnie républicaine de sécurité.

10. Quasiment aucun agent n'est en région parisienne par choix. À niveaux de grade et de revenus comparables, c'est pareil pour nombre d'agents du Trésor public, de la fonction hospitalière, de l'Éducation nationale…

Les gars ne sont pas encore rompus à l'exercice, je me mets donc en bout de chaîne et leur explique ce que je fais, consignes de sécurité incluses, à mesure qu'ils me font parvenir les grenades, les gilets, les boucliers.

Le petit Gilles, un mois de carrière :

— J'espère que c'est lui qui passera, parce que l'autre chèvre gauchiste de la semaine dernière, je peux pas l'encadrer. Avec lui au moins, les juges vont fermer leur grande gueule et on va te nettoyer toutes ces banlieues de merde !

J'ouvre une caisse de rangement, dévisse les bouchons allumeurs des grenades, range à mesure.

— Alors je voudrais pas te décevoir, gamin, mais des promesses de cet ordre, j'en ai entendu combien, d'après toi ? Plus de vingt-cinq ans que je me trimballe des manifs et des meetings, je peux plus les voir. Et je te parle pas seulement du nain hystérique qui vient de faire son numéro de vendeur de cravates à la tribune, j'inclus tous les zozos qui sont venus l'applaudir en croyant que ça y est, on va enfin régler la délinquance avec des Kärcher, sans déconner, et pourquoi pas des mitrailleuses et des lance-flammes ? Va assister à quelques procès, tu verras si c'est aussi simple qu'un discours de meeting ou des slogans à deux balles…

Certes, les jeunots n'ont pas encore acquis la confiance nécessaire pour me contredire, mais il y a plus. Le silence derrière moi a changé de substance, il est plus compact, dirais-je. Je me retourne, grenades en main. Une jolie petite famille, ma foi.

Les quatre arborent une écharpe aux couleurs du parti à la fête ce soir. Le quinquagénaire, casquette de luxe, mains dans les poches du pardessus. Son épouse n'a pas de serre-tête, mais c'est l'esprit. Les deux ados, un gars une fille, sont bien coiffés, jeans noirs, blazer marine et cravate assortie.

Ils sont silencieux, la mine très réjouie. Ils ne disent pas un mot, me sourient, un quart de tour et puis s'en vont.

— Vous finissez de ranger le matériel, et vous faites bien gaffe de retirer tous les bouchons allumeurs de toutes les grenades. Et vous avez le droit de rire.

C'est de la triche

Le lourd et laid commissariat somnole, affaissé de routine sous son béton gris. Le rez-de-chaussée, à effectif minimal, assure alangui la permanence. C'est dimanche.

C'est mort tout le matin mais, va comprendre, à midi une patrouille de la police municipale se pointe avec un conducteur bourré, deux équipages de la BAC[11] avec deux interpellés suite à une rixe dans un bar, un équipage PS[12] avec un mandat d'arrêt, et mon équipage CRS[13] avec un conducteur en défaut d'assurance. Ce sont des affaires ordinaires, pour l'essentiel de la paperasse. Quand tout cela s'étale dans le temps certes, mais en même temps ? Il y a un seul OPJ[14] de permanence le dimanche, il va devoir se taper des rames de procédure dans des délais très courts, il va nous haïr. D'ailleurs, c'est qui, on le connaît ?

Le chef de poste nous dit que c'est une certaine commissaire Picard, affectée au Pôle judiciaire ; elle n'assure jamais de permanence mais là, elle avait du

11. Brigade anticriminalité.

12. Police Secours.

13. Compagnies républicaines de sécurité qui, non, ne font pas que du maintien de l'ordre, loin de là.

14. Officier de police judiciaire.

boulot par-dessus la tête, elle a profité du calme habituel du dimanche pour apurer les piles de dossiers de son unité, et tant qu'à être au bureau un dimanche elle a pris un tour de permanence pour rendre service à un collègue. À mon avis, elle va regretter.

Sans rire, personne ne la connaît ? Non, même lui ne la connaît pas : elle œuvre dans le judiciaire, lui, c'est la tenue, deux mondes qui se croisent peu. Il l'appelle pour lui rendre compte de l'arrivée des équipages.

— Oui madame, une CEA[15], deux coups et blessures, un mandat d'arrêt, un défaut d'assurance. Très bien.

Il raccroche :

— Bon, vous tapez vos PV, dès que vous avez fini vous l'appelez, elle notifiera les GAV[16] au fur et à mesure.

— Nous, on l'appelle en direct ? Une commissaire ?

— C'est ce qu'elle a dit. Poste 512, elle bouge pas.

Vu que mon équipage doit rédiger deux actes, le PV constatations et le PV audition de notre citoyen sans assurance, on met plus de temps que les autres avec leurs PV interpellation uniques. À chaque fois qu'ils sont revenus du bureau de la patronne, ils ont tous dit que « pète-sec, mais ça va vite ! ».

Je finis l'audition de notre gars quand une dame, la quarantaine, cheveux courts, chemise blanche, jeans-baskets, ouvre la porte, nous désigne le déclarant :

15. En réalité, CEEA (oui, on réussit à raccourcir les abréviations) : conduite sous l'emprise d'un état alcoolique, c'est-à-dire constaté ultérieurement par éthylomètre (ou prise de sang). Si l'état d'ivresse d'un conducteur ne peut être constaté par un de ces moyens, c'est une CEI, à savoir conduite en état d'ivresse.

16. Garde à vue.

— Bonjour. C'est lui, le défaut d'assurance ?

— Euh, oui ?

— Pardon, je suis l'OPJ de permanence. C'est lui ? Vous avez fini ? Envoyez-le-moi.

Alors oui, elle est sèche, mais polie. Mes gars froncent les sourcils.

— Donnez-moi votre procédure, je lui notifie sa GAV, vous le faites intégrer en geôle, vous reprenez votre patrouille et je reprends mes activités. Je dois vous avouer que dans mon service, on est pris à la gorge en ce moment. Il me manque trois OPJ depuis six mois, il faut que ça pulse pour tout assurer dans les délais, alors je traite votre gars vite fait et j'y retourne.

— Madame la commissaire, c'est juste un défaut d'assurance, donc…

— Juste un défaut d'assurance, dites-vous ? Ce n'est pas parce que c'est devenu complètement banal que ce n'est pas grave, alors on…

— Madame ? C'est un délit au Code des assurances, non punissable de prison donc nous ne l'avons pas interpellé. Ce monsieur nous a suivis de son plein gré. Et donc pas de garde à vue possible non plus, si je puis me permettre.

Elle marque un temps.

— Vous savez quoi ? J'ai assuré très peu de permanences de ce type, et surtout de toute ma carrière je n'ai jamais pratiqué le droit routier. Sur ce coup, je suis un peu speedée, j'ai pris mes désirs pour des réalités. Vous m'avez épargné une belle boulette, merci. Bonne journée, les gars.

Mes gars me le diront plus tard dans le fourgon :

— Ah mais ouais mais non, c'est pas du jeu, si maintenant les commissaires sont charmantes et honnêtes et polies, comment on fait pour se foutre de leur gueule ?

Chienne de vie

D'habitude, l'ancien nous salue de la main, bien droit, puis il s'assied sur un des vieux gradins. Là, va comprendre, il s'est arrêté pour nous parler. Au début, Jessica et moi, on s'est dit : Tiens, encore un papy qui va nous raconter sa guerre, et comment c'était mieux avant, les jeunes de maintenant, c'est plus ça, tout ça. On est en uniforme, ça les attire ; les vieux et les fous, c'est toujours pour nous. La plaie.

Ce n'est pas leur faute, nous aussi on sera vieux un jour, donc on laisse venir, on laisse parler. Parfois même, ce sont des retraités de la boîte[17], alors bon, un fond de respect pour les anciens, quelque chose comme ça, nous fait les écouter. Enfin, semblant de les écouter, et puis après deux, trois minutes de délai de décence, on les remercie, on les plante là, à bientôt, monsieur… Des vieux quoi, pas méchants, un peu lourds quelquefois, c'est tout.

Quand on vient à l'entraînement sur ce terrain paumé, on a parfois deux, trois spectateurs qui restent derrière les barrières, s'assoient sur les quelques gradins pourris et nous regardent jouer avec les chiens. J'ai mon

17 En interne, la Police nationale.

Ross, le berger allemand pisteur, Jessica a Rocker, le berger malinois d'attaque.

Même moi, je m'approche pas trop de son bestiau, il n'y a qu'elle qui le tienne à l'entraînement, qu'elle qui réussisse à lui faire lâcher la veste d'attaque. Quand il mord, faut pas lui en promettre, un serial killer sur pattes, son Rocker.

Et le vieux, là, on l'a déjà vu une dizaine de fois : un petit salut de la tête, il observe, on voit bien que ça lui plaît, les toutous, les jeux de pistage, les simulations, les attaques, mais à part son petit bonjour, il ne nous a jamais adressé la parole. Alors ce matin, bon, il veut causer, on peut faire un effort. En plus il fait bien chaud, une petite pause fait plaisir à tout le monde.

C'est marrant, quand je dis tout le monde, j'y inclus les chiens. Ça ne devrait concerner que les humains, cette expression : tout le monde. Mais en fait, c'est nos chiens, ils font partie du groupe cynophile, comme les maîtres. Comme tout le monde.

Et papy s'est approché de notre quatuor, deux flics deux chiens, et il nous a parlé. Au début, on n'a pas vraiment fait gaffe mais très vite, on a mis les chiens à l'assis et on l'a laissé dérouler. :

— Cette année-là, vu que c'était la gendarmerie qui défilait en tête, qui était à l'honneur, on a fait l'effort de la décennie, je vous assure. On a joué le jeu, on a suivi tous les entraînements, comme des tarés, pendant des jours, à être bien en ligne, bien dans le rythme, tout ça. Les chiens aimaient bien, en plus, mais c'est des chiens, ils étaient avec leur maître, vous connaissez ça. On s'entraîne, on joue, on boit de l'eau, on court, on joue, on s'entraîne : pas compliqués, les chiens. Moi, en ce temps-là, j'étais un mili vrai de vrai, sous-officier, gendarme, alors un défilé quand il fait trop chaud, ça me plaît ou non, je suis militaire alors je le fais. Mais mon chien, il n'avait rien demandé.

« Moi, je pouvais attendre, à la limite. Le 14 Juillet le plus chaud depuis soixante-seize ans, ils l'ont précisé à la météo, après coup. C'est vieux, c'est une autre époque, vous étiez même pas flics encore, tous les deux. Je sais même pas si vous étiez nés.

« On a défilé, tous, avec les chiens, malgré la chaleur, la tête bien droite, bien en rythme, des bons chiens, solides, obéissants, braves, je vous jure, les gros toutous les plus braves, les plus… Après le défilé, sur le goudron qui fondait, on a attendu des plombes. On a prévenu, on a demandé, après ça on a gueulé, et puis les ordres ont été maintenus par nos officiers, parce que le ministre de la Défense devait passer nous voir, alors comme des cons, oui : comme des cons, on a suivi les ordres. On a attendu.

« On nous a apporté des bouteilles d'eau, un demi-litre par personne, c'est gentil, non ? Au bout de quatre heures de canicule, un demi-litre. Aucun maître n'a bu plus d'une gorgée, c'était pas envisageable. On a fait boire nos chiens. Vous auriez fait pareil. Six bergers allemands qui vous regardent en tirant une langue comme mon bras, qui ne bougent pas parce qu'ils vous aiment, qui ne comprennent pas et qui souffrent, qui souffrent la tête basse, qui souffrent à vos pieds… J'ai donné mon demi-litre à Grognard, il n'avait jamais eu autant soif de sa vie. On a attendu que le ministre vienne saluer les gendarmes à l'honneur, avec les chiens dans les rangs bien à leur place. Les chiens tiraient la langue, ils soufflaient, ils souffraient mais ils n'ont rien dit.

« Mon Grognard a eu les coussinets brûlés. Et puis l'insolation, la déshydratation, avec la septicémie qui s'est mise dans les pattes… Même le vétérinaire en a eu mal au cœur. À cause d'un défilé, il est mort à cause d'un ordre débile pour un putain de défilé ! Un ordre auquel moi, moi j'étais militaire depuis vingt-six ans, moi, fier et con comme un bon sous-officier, moi j'ai obéi ! Vous comprenez, les enfants ?

« J'ai tué mon chien. Parce que ce jour-là comme depuis vingt-six ans, j'étais fier. Et mon Grognard, il comprenait pas pourquoi je le faisais souffrir comme ça, mais j'étais là avec lui alors il pensait que c'était important. Il a souffert comme une bête, à la fin il avait les yeux rouges hors de la tête, et pas une plainte, rien ! Deux chiens sont morts, deux chiens, pour rien du tout, pour l'honneur. Juste parce que…

« Mon Grognard, je l'aurais envoyé se faire tuer par un type armé, sans hésiter. Si ça avait pu sauver une vie humaine, je l'aurais envoyé au carton, dans la seconde. Je lui aurais retiré sa muselière et je l'aurais envoyé se faire tuer. Vous savez ce que c'est, les vôtres aussi, un jour, s'il faut… mais un défilé ? Et moi en plus, fier ?

« J'ai tout envoyé balader. Je leur ai renvoyé mes médailles dans une boîte en carton, j'ai pris ma retraite, je me suis barré sinon j'allais en tuer un. Ça fait longtemps, je suis un vieux schnock, maintenant, c'est fini tout ça. Vous le croyez, vous, laisser crever des chiens ?

Et il est reparti vers les tribunes. Il ne nous avait jamais adressé la parole, et là… Non, c'est pas vrai. On peut pas laisser crever des chiens juste pour… Jess :

— T'as vu mon Rocker ? L'ancien l'a grattouillé entre les oreilles.

— Non, j'ai pas fait gaffe. Et alors ?

— Et alors normalement, même pas en rêve. Et il n'a pas montré les dents, il n'a pas grogné, rien. Il lui a même fait une léchouille sur la main, il a jamais fait ça, à personne. Rocker ? Travail ? Allez hop, on y va !

Jessica était déjà sur le terrain, poursuivie par un Rocker rigolard ; je te jure, des fois on dirait qu'il rigole.

Tout pareil

La confiance. Important, la confiance, dans ce métier. Bernard, par exemple, j'ai confiance en lui. Momo et JP, aussi. C'est des bons collègues, et des bons motards. Même Valérie, tiens, j'ai mis du temps mais j'ai confiance. Par contre, Yves, c'est la confiance totale, absolue. Et il ne faut pas.

Yves, c'est le motard pur jus, expérimenté, sûr. Il a tout connu, tout vu, tout retenu. Pilote de courses de vitesse avec le club moto de la police, par exemple, pendant des années. Il a initié au moto-cross ses deux fils, a même couru avec eux en compétition. Il a roulé des millions de kilomètres à assurer des TEX[18], a usé ses pantalons sur des dizaines de bécanes. Rouler vite, il sait, tu peux me croire, et son sens de l'anticipation, un régal. Tu le suis, tu ne peux pas te tromper. Tu te cales sur son feu arrière et il peut rien t'arriver. Tant qu'il ne freine pas, tu patientes. Ça s'allume, tu freines, c'est le moment exact pour le faire, t'inquiète. Il accélère, tu suis. Il penche, tu penches. On s'est tous fait avoir : à force de le suivre, on en oublierait de s'amuser nous aussi. Forcément, avec Yves devant on est sûrs d'arriver entiers et à l'heure. J'ai

18. Transports exceptionnels. Les motards de la police n'assurent plus ces escortes sur longues distances, qui étaient leur lot commun autrefois.

déjà déroulé cinq cents kilomètres en une journée avec lui devant, et ben, c'est pas pareil qu'avec Valérie ou JP. On dirait vraiment que de sa bécane, il pilote aussi la tienne. Il y a des gars, comme ça, qui ont le don, faut pas croire. Et quand je dis « faut pas croire », je ne plaisante pas, il faut vraiment pas me croire, c'est dangereux.

Avant-hier soir, on part sur un transport d'organe en urgence. Un cœur dans une glacière, la glacière dans l'ambulance, Yves et moi à l'escorte sur soixante-cinq kilomètres, tout au deux-tons[19]. J'adore ce boulot, parfois. Souvent, en fait.

Pour le retour, Yves décide de rentrer par les collines. Moi, évidemment, je lui fais confiance, je suis.

On sort de l'hosto, un bout de rocade, et on enquille la petite départementale bien virageuse au crépuscule. Il fait doux, personne sur la route, on force un peu, on se régale. Quand vraiment la nuit mérite son nom, les virolos bien secs sont finis et ça, c'est signé Yves : l'anticipation, toujours. Nous faire arriver à la nuit sur la partie la moins dangereuse, c'est signé, c'est la grande classe du métronome à bottes, c'est Yves. Il nous reste quelques courbes beaucoup plus gentilles à négocier jusqu'à l'unité, Yves devant pousse les chevaux et, comme d'habitude, je me cale sur son feu arrière. Comme d'habitude. Comme un con, surtout.

Il s'engage sur la courbe du Chassezac, pas éclairée et dépourvue de signalisation au sol pour cause de travaux.

19 Tout le trajet avec la sirène deux-tons, le pin-pon.

Son feu penche à droite, je penche. Et puis au bout de cinq secondes, je jette un coup d'œil au compteur, quatre-vingts. En plein jour, la courbe, je la connais, c'est soixante-dix. Mais je suis toujours penché bien parallèle sur le feu d'Yves, donc pas de souci. Ça ne dure pas cinq secondes en tout, la fin y compris.

Les freins d'un poids lourd avaient lâché cinq minutes avant notre passage, il y avait du liquide de freinage partout. Il n'y a rien de plus glissant au monde et là, il y en avait une flaque de dix mètres de diamètre !

Alors le premier, Yves, a glissé. Moi derrière, pareil. Sauf que lui a eu la peur de sa vie, plus rien qui obéit sous son fessier, trois cents kilos de moto à quatre-vingt-dix à l'heure qui font ce qu'ils veulent et rien à faire, il s'est bien vautré.

Moi ? Aucun souvenir. Je suivais son feu, il faisait nuit noire, le feu ne se redressait pas alors moi non plus, j'aurais pu continuer comme ça jusqu'au garage, pas de problème, pourquoi je me serais inquiété puisque c'était Yves, devant ? Il n'empêche, à un moment je suis sur ma bécane, ça c'est bon, je me souviens bien, après je me réveille dans l'ambulance des pompiers.

À l'hôpital, on a des lits voisins. Il se paie une double fracture jambe gauche, un poignet en vrac, trois mois d'arrêt minimum.

Moi ? Oh, tu sais, si c'est Yves devant, moi je suis : double fracture jambe gauche, un poignet en vrac, trois mois d'arrêt minimum.

Normal

Le convoi officiel est sorti à peine en retard de l'aéroport et à nous de jouer, top départ à fond, pin-pon, pin-pon, des kilomètres d'autoroute jusqu'à la réception express du ministre par les élus départementaux et hop, plus loin, plus vite, pin-pon, l'indispensable visite d'entreprise de panneaux photovoltaïques programmables, puis trente kilomètres encore à toute allure et la visite d'une école multilingue d'ingénieurs, puis après la stroboscopie filante de nos rampes officielles, à l'autre bout du département pin-pon, pin-pon, une visite de chaîne de montage de véhicules hybrides et puis le ministre-à-l'agenda-surchargé a regagné dans nos flashes bleu électrique et nos sirènes écrase-tympans son avion pour Paris et il a décollé et voilà, c'est fini.

J'ai rangé ma tenue dans son armoire en fer, clic du cadenas, je rentre chez moi.

Je gare ma voiture dans le garage, devant l'établi. Je coupe la musique, les feux, le contact. Assis au volant, j'anticipe la saveur à venir de mon jardin, sa nature anarchique entourée de part et d'autre de maisons basses avec, au fond, son épaisse haie de bambous qui borde l'hospice communal et ses papys, les voisins les plus calmes du monde.

Les plus hautes tiges, courbées jusqu'à l'indolence, surplombent ma grosse table en bois. Ce soir, je m'y assiérai pour siroter un bol de thé brûlant : au mitan de l'hiver, ce sera mon petit bonheur, un au revoir à ma journée, à la fatigue, cinq minutes de langueur méritée avant que – il y a un cri.

De la rue, monte l'appel d'un gamin. Ou d'un chat, plutôt. Un chat qui miaule. Un chat, un idiot de greffier chamboulé par ses hormones qui miaule en délire de rut ses miaou ! à la lune, voilà tout. Je sors du garage. Non, ce n'est pas miaou. Ce n'est pas un chat. Un gamin triste appelle maman.

Trois personnes passent dans ma rue pendant que j'écoute, qui n'entendent surtout pas appeler « ma-man, ma-man ». Les gens normaux, ça n'entend pas.

Les gens normaux ont un canapé, un écran plat, une cave à vins vitrée, ils rentrent chez eux regarder une série policière avec de beaux sombres flics à barbe de trois jours qui trouvent le coupable bien à la fin juste avant les publicités, les gens normaux ont des pensées si profondes qu'ils n'entendent pas les ma-man, quand des flics d'escorte soûlés de route, d'ordres contradictoires et d'horaires butoir voudraient bien eux aussi mais là, maintenant, j'entends ma-man, ma-man, je dois savoir. Ça continue et c'est bien ma-man, pas mia-ou.

En moins d'une minute, j'ai trouvé la source des geignements. Il m'a suffi de tourner à gauche juste après le cordonnier, de lever les yeux, et j'y suis.

Cela provient d'une fenêtre au premier étage. C'est une très vieille dame vraiment, une pensionnaire de l'hospice. Ses longs cheveux défaits en filasse sur sa robe de chambre rose thé à volants, elle a ouvert sa fenêtre et, de sa voix aigre de chat enroué d'amour, elle appelle sa maman.

Elle serre un sac à main sur sa poitrine, elle appelle sa ma-man-ma-man.

Regarde-moi, la vieille. Regarde-moi, s'il te plaît, je te ferai une grattouille sur le crâne comme à un minet miauleur, un minou perdu, regarde-moi. Je reste là si tu veux mais arrête tes ma-man-ma-man et j'arriverai à fond, pin-pon-pin-pon.

Elle baisse sa vieille tête vers moi. Elle a des yeux, pas de regard. Rien à faire, rien que je sache faire. Je ne sais pas quoi faire.

Quelqu'un, un autre, un soignant pour sûr viendra, qui la recouchera. Et moi donc, puisque c'est l'heure, si j'allais me coucher ?

C'est cela, rentre chez toi et va dormir, espèce de flic plein de sirènes silencieuses, de gyrophares éteints.

Va dormir, espèce de gens normal.

Fatalitas

[Mission – Afrique]

Ce matin, tu arrives au travail. Comme d'habitude tu vas aligner des colonnes dans des chiffres ou inversement, tu vas argumenter des présentations, présenter des argumentaires, tu vas planifier ta semaine de visites auprès des autorités du pays, ta routine sahélienne. La porte sécurisée s'ouvre, tu dis bonjour au gardien, tu entres, et ça sent bizarre. Tu trouves pas que ça sent bizarre, toi ?

— Oui, te répond Mouloud. Ça sent le gaz.

— Ah oui, mais alors ça sent très fort le gaz, non ?

— Oui oui, Serge, c'est le gaz.

Vu que tu vas longer l'arrière de la cantine, tu t'inquiètes un peu plus :

— Non mais, ça pue vraiment le gaz ! On est dehors, en plein air, l'air est saturé de gaz et toi, ça ne t'inquiète pas ?

— Oui mais on a vérifié : ça vient pas de la cantine. Ça vient de là, derrière notre mur d'enceinte.

— Derrière ce mur-ci ? Mais c'est une station essence, derrière ce mur !

— Oui, voilà : ça vient pas de chez nous, c'est pas grave.

Alors ? Ben tu vas bosser, alors.

Du sable dans le GPS

[Mission – Afrique]

Je cherche ce foutu émetteur depuis dix bonnes minutes, j'ai dû me planter, c'est pas possible comme je peux être crétin en orientation. En France déjà j'étais une vraie tanche, mais ici au Sahel, c'est pire. Un émetteur bon sang, c'est quand même pas compliqué, ça se voit de loin un émetteur, même en ville !

Ah, tiens, un local, je m'arrête, abaisse ma vitre :

— Pardon monsieur, vous savez où se trouve le quartier de l'émetteur ?

— Houla policier de la France, mais tu es loin là ! Il faut faire encore trois ou quatre ou cinq kilomètres même, là ! Tu m'emmènes et je te dis où c'est ?

— Allez, je vous fais le taxi, pas de problème.

Cinq kilomètres plus loin :

— Tu vois l'antenne rouge et blanche, là ? Eh bien tu tournes à gauche là, tu prends la piste et dans trois cents mètres, tu es arrivé.

— Merci beaucoup. Je te dépose quelque part ?

— Non, ici c'est bien, je dois retourner chez moi, je vais faire du stop là.

— … Pardon ? Comment ça, retourner chez toi ?

— Oui, je rentre chez moi. Je sortais juste de chez moi pour acheter le pain quand tu m'as demandé ton chemin, alors moi je t'ai accompagné comme ça, tu te perds pas, mais maintenant là, je dois rentrer.

Pourquoi j'aime l'Afrique ? Je me demande.

Paraphes

Je n'ai qu'un livre à mon actif mais je suis convié à une séance de signatures : pour moi, les dédicaces restent un monde à découvrir. Quand j'arrive à ma table, je vois, d'après ses piles de livres, que mon voisin est un auteur de polars. Il doit avoir une petite notoriété, je suis sûr de l'avoir déjà vu. Peut-être en interview à la télé.

Je m'installe, on papote et, en fait, il est commandant de police à la retraite : peut-être l'ai-je croisé du temps de son activité ? En tout cas, ça nous rapproche. Lui en est à quatre livres, il connait bien ce genre de salons, il m'en explique un peu les ficelles. C'est gentil de sa part, mais je n'accroche pas vraiment. Je reste sur mon quant-à-soi, va savoir pourquoi, et… Et je sais. Sa moustache est plus grise mais c'est le mec de l'IGPN[20].

Ça se joue à un voile de sourire, une légère bascule de la tête, je sens, je sais qu'il a noté mon sursaut invisible. Ça fait huit ans, maintenant : avec un peu de chance, il ne me reconnaîtra pas. Il m'offre un beau silence, un long, de ceux gênants que certains suspects tentent de combler pendant leur interrogatoire, et qui donc parlent,

20. Inspection générale de la police nationale, en gros la Police des polices.

et s'enferrent. Je suis enquêteur maintenant, je pratique aussi. Je me tais.

« Je suis prêt à le signer » avais-je conclu à l'époque, dans sa gueule.

Un clin d'œil et un bon grand sourire, il me tend la main. Que je serre. Cette fois, il a le dernier mot :

— On va passer une bonne journée. Tu vas voir : en fait c'est sympa, de signer.

***

Huit ans plus tôt

Comme de juste, je me suis frappé une bonne heure d'attente dans le couloir. On ne les appelle pas les bœuf-carottes pour rien : ils te laissent toujours mijoter, ça attendrit la viande. Le grand type moustachu qui me reçoit me prie de l'excuser pour ce retard. Incipit classique avant la baston. C'est parti.

— Vous sous-entendez dans votre rapport que le plaignant est un menteur. Vous pouvez me répéter vos arguments ?

— Eh bien, j'étais là, présent, et je peux vous assurer que si ce type a été bousculé par nous, ce qui reste à prouver, il l'a été place Courriol, sur l'ordre de l'autorité civile, qui nous avait ordonné de dégager la place. Toute la place, mais rien d'autre. Donc si le mec a pris un gnon, c'est sur la place et pas à côté.

— Selon sa plainte, il a été poursuivi jusque dans une rue adjacente par deux de vos gars, qui l'ont rattrapé et tabassé. Vous étiez responsable de la section, vous pourriez donc être considéré complice de cet acte inqualifiable.

— Inqualifiable, s'il a eu lieu. Mais je maintiens que ce type, s'il a été bousculé, l'a été après les sommations d'usage, donc qu'il a refusé de quitter les lieux en connaissance de cause. De plus, personne chez nous n'agit séparé de l'unité : c'est du maintien de l'ordre, c'est pas une course à l'échalote. Et mes ordres ont été très clairs : mes gars n'ont pas quitté la place Courriol. De fait, ils ont agi légalement. Pas de violences illégitimes.

— Je vais vous étonner : un voisin a filmé l'incident sur son téléphone portable. Vos deux fonctionnaires vont morfler, et vous-même pourriez aussi passer en jugement pour les avoir couverts. Alors réfléchissez bien avant que je vous montre le film : maintenez-vous vos déclarations ?

— Vous voulez dire que quelqu'un nous a filmés tabassant le plaignant ? Alors si c'est vrai, je suis mort. Puisque vous avez soi-disant une preuve irréfutable, balancez-la mais je suis tranquille, mes gars sont innocents, c'est forcément un montage.

— Je vous prierai de rester correct, pas d'insinuations !

— Qui a insinué quoi que ce soit ? Envoyez votre film, et finissons-en.

[…]

— Quoi, c'est tout ? Un film de dix secondes d'un type qui se fait frapper par deux casqués méconnaissables en cottes bleu marine ? Vous vous foutez de moi ?

— Ce que je vois, chef, ce sont deux cogneurs en tenue de chez vous, et j'entends que vous me donniez leurs noms, ou bien cette audition va prendre une tout autre tournure !

— Comme quoi ? Me mettre en garde à vue ? Je vais vous épargner de la paperasse. Quelle est la couleur des bandes de casques des gens de ma compagnie d'intervention ? Ne cherchez pas : bleu. Non seulement leurs bandes sont orange, mais ce modèle de casque a été abandonné il y a plus de dix ans. Je ne sais même pas si ces types sont des flics. En tout cas je confirme, ils ne sont pas de mon unité.

— Ah bon ? Vous êtes sûr ?

— Tellement sûr que je me casse d'ici, et sans signer mon audition. Je confirme aussi que je vous emmerde.

« Non seulement ça fait du bien mais ça, je suis prêt à le signer.

Trois, pas deux

Ça semblait urgent, Annie a mis le deux-tons. Elle pile devant la porte de l'hosto, on entre, et cette fois la description de l'opérateur radio colle avec la réalité : un type en folie dans le hall, mouline des bras, hurle, les personnes présentes sont tétanisées de pétoche. Je les comprends : le gars est costaud, incohérent, un couteau à la main. En cette période où le sous-effectif chronique incite nos grands chefs – au mépris des règles de sécurité – à nous faire patrouiller sans honte à deux seulement, aujourd'hui chance, on est trois dans cette Police Secours. Jean-Louis, Annie et moi, trois seulement, ça va être chaud.

Je sollicite du renfort par radio, mais le gars est vraiment dangereux, pas le temps d'attendre la cavalerie. Je m'approche de face, Annie se décale à ma droite, suffisamment pour, qui sait, le déstabiliser. Il est à plus de dix mètres, j'ai peut-être une chance de le ramener à la raison des humains. Je lui parle. Il hurle.

Un agresseur déterminé, à moins de sept mètres de toi et armé d'un couteau, s'il te fonce dessus et que tu n'as pas ton pistolet en main, tu n'as aucune chance : quoi que tu fasses il te plantera. Annie est encore un peu jeune, mais d'office elle a chaussé son arme[21]. Si le taré fait un pas de trop, elle aura un temps d'avance sur moi pour tirer. D'ici là, bras tendus et mains ouvertes, je tente de négocier.

Et je ne sais pas où est passé Jean-Louis. Disparu. C'est pas le moment. Ah tiens ? Non. Il a contourné la scène et, quand il se trouve derrière le braillard, il fonce. Le hurleur prend 70 kilos de judoka hargneux dans le dos, il s'envole vers moi sur deux mètres, atterrit face contre terre, Jean-Louis lui passe un étranglement arrière, j'écrase du pied la main qui serre toujours le couteau. Annie verrouille son étui, s'agenouille, lui retire son arme, le menotte, procède à la palpation de sécurité, fin d'inter[22]. Quarante-cinq secondes entre notre arrivée et l'interpellation, on peut respirer, et en ce qui me concerne trembler, un peu.

Comme les témoins alentour, je mets quelques secondes à tout remettre dans l'ordre. Je fixais l'attention du furieux, je voulais négocier mais Louis a choisi. Le type était focalisé sur moi, lui était dans son angle mort, il a agi d'initiative, vite, fort, et bien.

21. L'étui dispose d'une sûreté qui bloque l'arme, pour éviter qu'elle en tombe, ou en soit arrachée par un agresseur. Il faut effacer cette sûreté avant de sortir son arme. Chausser son arme : dégager la sûreté d'étui, empoigner la crosse en gardant l'arme à l'étui, prête à servir.

22. Intervention.

Mes gars[23] appréhendent le couteau, transportent l'interpellé dans notre voiture. Je discute avec un docteur présent dans le hall, il me confirme que le type est un de leurs patients dangereux, qui s'est enfui de l'aile psychiatrique et non, personne ne sait où il s'est procuré ce couteau.

Annie m'appelle, il y a un souci. Je m'approche de notre voiture, dans laquelle le furieux menotté dans le dos s'est couché sur le plancher entre les sièges. Il bave, il râle, siffle, se tord yeux révulsés, claque des dents ; on n'est pas infirmiers psy, la crise nous dépasse.

Le gars est neutralisé, donc aucune raison pour nous de s'exciter. Je prends son pouls pendant vingt secondes. Je me lève, vais chercher le médecin toujours dans le hall. Il revient avec moi. Il prend son pouls, l'examine et, en moins d'une minute :

— Vous aviez raison, là il simule. Vous pouvez le transporter.

Dans l'instant plus de bave, de cris, de tremblements, plus rien. Ses mâchoires cadenassées derrière les lèvres comme avalées, le voile de sueur sous ses narines, les veinules rouges sur ses orbites pâles, au centre du blanc des yeux ses iris bleu clair fixes, fixes, droit vers nous trois. Trois équipiers, épaule contre épaule, serrés, trois, pas un de trop.

---

23. Oui, je sais, il y a une femme parmi nous. Mais quand on intervient en force dans le monde réel, étrangement l'écriture inclusive disparaît au profit de l'inclusion vraie.

Un chien de ma chienne

La vieille s'est perdue pendant sa balade journalière, la maison de retraite a appelé, mes supérieurs ont appelé le chien de piste, qui ne devrait plus tarder maintenant.

Je comprends, intellectuellement parlant, ce qui se passe. J'ai beau n'être qu'un gamin à peine sorti de son lycée pour devancer l'appel et me débarrasser de mon service militaire obligatoire, je ne suis pas complètement neuneu. C'est juste que, comment dire… C'est quoi, une vieille, pourquoi ça se perd tout le temps ? Qu'est-ce qu'on fait exactement dans une maison de retraite ? Ça peut mordre, un chien de recherche ? Comment on trouve quelqu'un en pleine nuit ? On a le droit d'utiliser les torches, ou ça distrait le chien ? Et si on retrouve la vieille dame morte, qu'est-ce qu'on fait ? Et si elle est vivante et en détresse, on n'aura pas de médecin avec nous alors pourquoi, comment, à quelle heure, mais qu'est-ce que, hein ?

Finalement, le conducteur cynophile et son berger allemand se pointent. Je suis désigné, moi jeune gendarme auxiliaire, pour les accompagner, et suis réellement enchanté de ce coup de bol. Il est 23 heures, je vais chercher dans la nuit une grand-mère qui a un besoin vital des secours. Elle a peur, elle a froid, elle est perdue. Je suis les secours. Je suis un héros.

Une heure plus tard, dix mètres derrière le chien et sa longe, nous progressons toujours sur les hauteurs, à la lumière terne d'un clair de lune faiblard, au milieu d'une végétation rase aux contours mal définis. Le chien, lui, tire, concentré, excité dirais-je, s'arrête, hume le vent, les bords du chemin, hésite, repart. Son patron lui susurre des « cherche, cherche », le laisse reprendre sa quête, et j'admire.

J'admire le couple homme-chien unis dans leur volonté de servir, le travail bien fait. Et pour la première fois, mon supérieur m'adresse la parole. Il murmure, laissant le chien à sa traque.

— Tu vois, jeune, si ça se trouve, on va la trouver, la vieille. Mais si ça se trouve, on est passés à côté il y a une demi-heure, et cet enfoiré de clébard n'a rien senti.

Il se fait un grand blanc dans ma boîte crânienne. Ah oui ? Mais mission sacrée, couple fusionnel, Lassie chien fidèle, tout ça ?

— Parce que les chiens, tu comprends, ils passent beaucoup de temps au chenil, dans leur box. Alors quand on les fait sortir, ils adorent s'entraîner, jouer, courir, pisser partout. Là, il sait qu'on n'est pas en entraînement. Il est intelligent, le bestiau, je le connais bien, ça fait trois ans qu'on bosse ensemble. Il sait qu'on travaille, qu'on ne joue pas. Mais il sait aussi que le pistage s'arrête quand il a trouvé la cible. Alors si ça se trouve, il a senti que dalle, mais il a décidé qu'il n'avait pas envie de rentrer dans son box, il me gruge depuis une plombe et ce salopiot se promène. Et je ne peux pas le savoir.

— Mais chef, votre chien, là, il tire sur la corde, il renifle partout, on dirait bien que…

— Oui, c'est pour ça. On dirait bien que. Avec lui, je peux jamais savoir. D'habitude, il obéit, c'est moi le patron, je donne les ordres. Va chercher, garde, rapporte, ça, il comprend. Ça lui plaît de faire plaisir au patron, de jouer. Mais quand il piste, il n'y a plus d'ordre. Lui, il a vite compris, dès la fin du dressage, en fait : il retourne au chenil quand on a trouvé, et la phase suivante – rester dans son box en attendant le patron –, ça peut durer longtemps. Ce qui fait que si on n'a pas trouvé, on reste dehors, on marche, on lève la truffe, tiens, regarde-le : on se retourne vers le maîmaître, on lui fait le regard du bon gros chienchien qui travaille bien, qui mérite ses croquettes et ses friandises et les bonnes grosses caresses, et on repart en reniflant partout. Mais si ça se trouve il renifle que dalle, la vieille il n'en a rien à secouer, la piste il l'a perdue d'entrée mais il se fait une super balade avec le maître à képi au bout de la laisse qui ne peut pas rentrer, puisqu'il n'a pas encore trouvé. Et je ne peux pas le savoir.

Ah non, pas les bergers allemands ! Pas les chiens, quand même ! Les border collies guides de troupeaux, Rintintin, les 101 Dalmatiens, Milou ! Les chiens, les bons chiens droits, fidèles, travailleurs, pas les chiens !

Cinq heures de chemins, de collines, de racines qui s'accrochent aux rangers entre deux glissades sur rocaille, cinq heures de « cherche, cherche », de comptes rendus radio, cinq heures avant que le chien se retourne et, soufflant sur sa langue pendante, pose son postérieur par terre et torde le poitrail vers son maître.

— Piste perdue, m'annonce ce dernier.

Enfin ! Mes ampoules aux pieds dans mes rangers neuves me faisaient souffrir depuis trop longtemps.

Je le rêve, ou le clébard a les babines qui remontent ? Il serait pas en train de se foutre de moi ? Non, pas possible. Je lui prête des intentions, des sentiments, je l'humanise. Pourtant, on dirait bien que… Je me tourne vers le maître qui regarde, amusé, son compagnon dans la nuit qui se dilue d'aube et, après que la radio nous annonce que Mamie a été retrouvée évanouie à pas trois cents mètres du départ de notre traque :

— Oui, je sais, jeune. Mais on ne saura jamais. Peut-être que la mamie est passée par où on est passés. Peut-être pas. Bon chien, c'est un bon chien ça, wouf le chien, oh le bon chien que si ça se trouve tu nous as baladés toute la nuit pour rien, espèce d'enfoiré, c'est un bon chien ça, allez, une croquette pour le bon chien, allez hop, on rentre.

Ça fait plus de quarante ans, cette histoire.

Aujourd'hui ? J'ai deux chats.

111 et moi

(L'anecdote est réelle, pas le matricule[24])

Très cher 111 227,

C'était en la bonne ville de Malosque, dont j'ai changé une lettre du nom pour ne point fustiger la cité de Jean Giolo. En ses faubourgs j'ai franchi aux blêmes aurores, sur ma jolie moto rouge, un feu de circulation qui l'était tout autant. À trois à l'heure, avec une visibilité de deux kilomètres, j'ai grillé un feu rouge.

Sur ce, gendarme 111 227, vous apparûtes inopinément dans mon rétroviseur sur votre motocyclette bleu roi, pour m'enjoindre de me garer plus loin. Dont acte, comme on dit chez nous.

Dès lors, vous fûtes irréprochable, depuis votre salut au droit de votre casque jusqu'à votre farouche, mutique et définitive volonté d'ignorer l'explication que je tentai d'exprimer, vu les circonstances de l'infraction. Mais une contravention ne se discute pas.

Une contravention se constate. Elle existe, ou bien n'existe pas. C'est inclus dans sa définition, la rendant

24. Je sais que le numéro d'identification s'appelle en fait le RIO, pour « référentiel des identités et de l'organisation » et non matricule. Les lecteurs s'en fichent au moins autant que moi. Donc : matricule.

de fait plus aisément punissable qu'un crime ou un délit : une contravention a été commise, ou pas. C'est soit oui, soit non, point barre, comme on dit chez les bas-du-front. Les circonstances sont indifférentes, c'est la loi. Et la loi disait que je l'avais enfreinte, puisque et d'une j'avais passé le feu au rouge, et que de deux, assermenté, vous l'aviez constaté, point barre.

Je vous ai fait part de ma profession, et vous êtes resté impeccable. Robocop n'aurait pas mieux agi, 111 227, et si pour moi ce ne fut jamais un compliment, vous l'accepterez pour tel. J'ai donc écopé de la part d'un gendarme en service, moi policier en repos, d'une amende copieuse et d'un gros retrait de points de permis. Infraction, constatation, sanction, je vous envierais presque tant la vie semble simple sous un casque ajusté serré.

Peut-être aurait-il fallu que je m'aplatisse, que je quémandasse agenouillé votre mansuétude devant vos hautes bottes. Je me suis contenté d'être poli, pour une conversation de collègues, croyais-je au tout début en crédule et misérable civil qu'à vos yeux j'étais.

111 (je vous appelle par votre prénom, vous permettez ?), il est de tradition entre policiers et gendarmes de se tutoyer, tradition que je respecte, approuve et pratique au jour le jour. C'est une forme de politesse professionnelle, de reconnaissance tacite d'hommes de la loi entre eux, une de ces attentions qui font la différence entre les bêtes conventions et le vrai respect.

Or, je m'avise qu'en notre échange de bord de route tout comme en cette lettre, seul le voussoiement m'est venu. Les simples civils tels que moi sont parfois bien distraits.

Je pourrais, cher 111, décider que ma prochaine interaction de policier en tenue avec un gendarme hors service à son volant et objet de mon contrôle routier, serait tout aussi inflexible que la vôtre, en souvenir de vous. Curieuse notion que le scrupule, 111. À cause d'elle, puisque je respecte les gendarmes, je ne me vengerai pas au hasard de l'implacable posture d'un seul. De plus, je suis un optimiste à tous crins. Scrupule : un jour, 111, vous comprendrez la notion.

Confirmons-le ici : ce n'est pas votre rigoureuse attitude qui m'aura coûté de l'argent et un tiers de mon permis, c'est mon infraction. Au fait, attitude rigoureuse, rigoriste ? Moi aussi, parfois, j'ai du mal avec les nuances. Disons rigoureuse, passons.

La présente lettre atteste de ma culpabilité et partant, de ma responsabilité : j'ai franchi un feu rouge, je le paie. Et n'allez pas croire que, si je le fais en souriant, cela serait pour me moquer du souvenir de vous. Au contraire, soyez-en assuré.

Bon vent, 111.

Poivre et selle

— Alors voilà je vous le dis comme je le pense : vous êtes nuls. Vous avez passé le permis moto dans le civil, vous croyez savoir tenir sur une bécane, mais je vais vous montrer que c'est faux. Quand vous aurez fini votre stage, pour ceux qui auront réussi à le finir, vous serez devenus des vrais motards, des motards de la Police nationale. D'ici là, tant que vous n'aurez pas reçu votre insigne, vous serez des baltringues avec un permis moto, et c'est tout.

« Vous vous souvenez de l'épreuve du plateau, lors du permis ? Vous aviez vingt et une secondes pour finir le slalom entre les cônes, avec un freinage d'urgence et un évitement d'obstacle à la fin. Vous allez refaire la même chose ici, mais ici ce sera juste le début. Vous allez apprendre à vous lever sur votre bécane, à piloter avec les genoux, à anticiper vos trajectoires, à freiner avec des vraies motos, pas vos machines de tarlouzes, des vraies avec marqué Police dessus, lourdes, pas pratiques, pleines d'extincteur, de radio, de sacoches partout et pourtant vous piloterez mieux que tous les connards en combinaison en cuir qui se la jouent dehors !

« D'ailleurs, rien que pour vous montrer ce que vous devriez être capables de faire d'ici trois mois, regardez !

Le quinquagénaire moustachu s'approche d'une énorme bécane blanche siglée Police posée sur sa béquille, et s'assied dessus. Il ne l'enfourche pas, pose simplement ses fesses sur le siège, et garde ses pieds bottés du même côté de la machine.

Ses subordonnés, membres de l'équipe pédagogique comme mécanos, savourent l'instant. Depuis des années il les a habitués à cette démonstration, depuis tout ce temps rien à dire, c'est un pro. Cela devient un peu lassant, à force de répétitions et d'affichage un peu trop démonstratif de sa supériorité technique devant des stagiaires facilement impressionnables, mais tout de même, ça en jette.

— Vous voyez les cônes, en ligne devant la moto ? Ça vous rappelle le slalom de l'épreuve du permis, non ? Vous avez raison, c'est le même, en plus difficile : il y a trente centimètres de moins entre les cônes, ça oblige à faire le parcours en penchant beaucoup plus l'engin. Vous allez en chier. Mais je vais vous montrer un truc.

Il n'enfourche toujours pas la moto, reste les deux fesses toujours bien posées sur le siège rembourré, et la repousse d'un coup de reins pour la mettre en équilibre. D'un pied négligent, il fait claquer la béquille en la remontant, et appuie sur le démarreur d'un pouce aussi viril que comminatoire. Il gueule maintenant :

— Je vais vous montrer ce que tout motard devrait savoir faire : monter une neuf cents centimètres cubes en amazone et lui faire faire le slalom en moins de vingt-deux secondes ! Regardez bien, parce que vous allez vous vautrer souvent avant de m'imiter !

Il donne trois coups de gaz, d'un talon énergique il enclenche la première, et s'en va faire un tour de cour. Après un demi-tour d'école, il s'arrête tout au bout des cônes, baisse sa visière et, toujours dans sa position bizarre, les deux jambes du même côté de la machine, envoie les gaz.

L'alignement de stagiaires n'en revient pas : il passe devant eux sans forcer, et enroule les cônes sans difficulté apparente, les frôle sans en toucher un seul et fonce maintenant vers le bout du parcours, là où il devra effectuer un demi-tour serré et refaire le parcours dans l'autre sens.

Le patron du stage se tourne vers le chef mécano :

— Et alors, ça vient ?

— Ça ne devrait pas tarder, capitaine…

Lors du demi-tour, la moto se sépare de sa selle et de son pilote. La machine va vivre sa vie de son côté dans un tourbillon sifflant d'étincelles tandis que le pilote rase le sol, assis sur sa selle noire hors de propos.

Quelques stagiaires courent vers le major[25] qui se relève, les bottes bien râpées et sa selle à la main, le regard ahuri vers sa moto qui s'arrête en faisant valdinguer quelques cônes. Les onze membres de l'équipe d'encadrement serrent la main de leurs collègues mécanos, applaudissent, sifflent, braillent, lèvent les pouces.

— Ah ouais, major, avant de maîtriser le truc, ils vont en baver, les petits nouveaux !

— Tomber exprès de moto, c'est déjà pas facile, mais se vautrer à demi-moto, c'est l'exploit !

— C'est à leur programme, la voltige sur selle ? Vous êtes sûr ?

— Major, vous allez arrêter de jouer avec le matériel administratif ?!

— Bande de cons !

— Y a pas d'quoi !

25. Nos grades vite fait : gardien de la paix, brigadier, brigadier-chef, major. Au-dessus ce sont les officiers, puis encore un cran plus haut les commissaires.

Au troisième degré

[Mission – Afrique]

Hans, officier de police allemand, nous dispense – en français s'il vous plaît – un cours de stratégie d'évaluation. Nous connaissons son redoutable humour à froid, mais cette fois son sujet comme sa mission sont techniques, ardus, difficile même d'en simplement sourire. Pour preuve, après deux minutes, il sent qu'il a déjà perdu son auditoire. En bon formateur, il enchaîne avec une anecdote.

Celle-ci concerne l'aéroport Willy-Brandt de Berlin, qui a fait l'objet d'une mauvaise évaluation de la phase projet. Trop de décisionnaires pour pas assez de coordination, cela ne pouvait que mal se terminer. Le test grandeur nature des systèmes de sécurité, entre autres, l'a clairement démontré. Hans détaille :

— Ce jour-là, deux mille figurants, à qui on n'a donné aucune consigne, se promènent dans le gigantesque bâtiment.

« Le principe est de canaliser la panique aux premiers signes de fumée, grâce aux systèmes automatisés. L'exercice, entièrement filmé, évaluera à la seconde près le temps de réaction de fermeture des portes pare-feu, l'allumage de la signalétique, les réactions de la foule, l'ouverture des sorties de secours, des trappes à fumée, etc.

« Le grand chef appuie sur le bouton rouge et c'est parti : sirènes, flashes, fumigènes, le grand jeu. Les trappes ne s'ouvrent pas, les panneaux lumineux clignotent comme des débiles, jusqu'aux portes de l'aéroport qui se ferment toutes en même temps, et tous les figurants restent bloqués dans le hall enfumé. En situation réelle, tout le monde serait mort dans l'incendie. Et voilà : faute d'une stratégie de projet correcte, cet aéroport est aujourd'hui construit, fini, payé, et vide : il est sans doute définitivement inutilisable.

Hans de conclure impavide, avec sa pointe d'accent de Düsseldorf :

— Les Français dans la salle, je vous dispense de commentaires. Je sais : brûler deux mille personnes d'un seul coup, nous Allemands, nous savons faire. Mais cette fois, ce n'était pas fait exprès.

Compassion

[Mission – Afrique]

— Mais c'est plus possible, là ! Tu sais pas ce qu'elle nous a fait ? En réunion de commandement, elle a dit au boss qu'ELLE avait monté les formations groupées Procédure pénale et Droits de l'homme ! Ça fait trois mois que l'équipe entière bosse là-dessus, on a réussi à convaincre le cabinet du ministre, on a enfin fini la conception du programme et l'autre gourdasse s'en attribue tout le mérite !

« Le patron va la croire, tu m'étonnes, avec la paire de nibards qu'elle a ! On est à cinq mille bornes de la France, et je me retrouve avec les mêmes lèche-culs... tu te rends compte du boulot qu'on a abattu, et c'est l'autre poupée Barbie qui va récolter les lauriers ! Oh, tu m'écoutes, Valérie ?

— Oui, Xavier. Et Dafo ?

— Quoi, Dafo ? La ville, Dafo ? Quel rapport ?

— Dafo. Depuis trois mois, ici à la capitale on bosse sur notre programme Procédure pénale et Droits de l'homme. C'est bien. On a bien bossé. Houlala,

Procédure pénale et Droits de l'homme, ça claque. Tu as lu le relevé d'infos, ce matin ? Non ? Je te résume : c'est la saison des pluies, là, dehors. Dafo, c'est à quarante kilomètres, et les inondations à Dafo ont commencé il y a dix jours. En dix jours, il y a eu six morts par noyade, et tu devineras jamais ? Le choléra.

« Sur trois cents cas déclarés, cinq personnes sont mortes hier. Le choléra, Xavier. Deux adultes et trois enfants se sont vidé les boyaux sans discontinuer, et puis ils sont morts, voilà. Tu peux me répéter ce qu'elle t'a fait, la blonde, pour que je compatisse ? S'il te plaît ? Xavier ?

De la ferraille et des roues

J'ai déjà fait état de mon incompétence en matière de voitures, motos, camions, tricycles à moteur et tout ce qui, bardé de pneumatiques, de pare-chocs et de clignotants, fait vroum-vroum sur nos belles routes[26]. Non que le sujet soit inintéressant par principe, mais la poésie exsudant de la comparaison argumentée entre la dernière Volkswagen Macumba 28 et la Renault Zoubidou 33 n'a pas encore généré en moi les vagues irrépressibles de la passion romantique.

Je peux toujours tenter de sublimer cette noire incapacité en ironie facile, il n'empêche : flic, je ne comprends rien aux bagnoles. Je ne fais pas la différence entre les modèles, les marques, les puissances, les jantes, les qualités de peinture, que dalle.

Cela a donné des grands moments de solitude policière, du genre, moi, fébrile à la radio :

— Ici Zoulou 3, je suis sur l'avenue Casanova en direction du boulevard Blanchard, un type en voiture

26. Dans les tomes précédents, *Chroniques de la main courante* et *Bonne nouvelle, c'est la police !*.

rouge vient de renverser un motard, délit de fuite, on est derrière lui !

— Bien reçu. Marque, modèle ?

— Euh, rouge.

Je te jure que tu entends, à ce moment-là, toutes les paumes claquer sur tous les fronts de tous les policiers à l'écoute.

Fort heureusement, je suis d'une espèce rare : la plupart de mes collègues de la tenue s'intéressent, discutent, comparent, se tiennent au courant. La voiture rouge mon œil :

— Serge, donne-moi le micro. De Zoulou 3, véhicule en fuite Honda Civic première génération couleur brique, jantes larges, lunette arrière sombre, un homme seul à bord. Il s'engage sur Blanchard, il a passé le feu au rouge, il prend tous les risques direction place Michel-Embareck. Fin de plaque : Mike November. Je réitère : Honda Civic brique, fin plaque Mike November, sur boulevard Blanchard direction place Embareck, à vous.

Je me rattrape dans d'autres domaines mais celui-ci, pas la peine, c'est définitif. Mais revenons à nos chevaux-vapeur.

Ce soir-là, un petit contrôle routier de rien, l'échauffement avant la nuit de boulot qui se profile. S'approche un monospace – oui, ce mot-là je connais, j'en ai eu un il y a longtemps mais pas la même marque, moi j'avais un… je sais plus la marque mais bleu. Bref.

Signe de connivence de Jean-Michel, qui le pointe du doigt. De connivence. Le sujet est bien : bagnole. Connivence, ça, j'ai compris. Juste : que suis-je censé avoir vu ? C'est un monospace, voilà. Et donc je suis de tout cœur avec Jean-Mi, je vais assurer sa protection bien sûr mais le petit clin d'œil, désolé, rien compris. Je me demande ce que je fous dans ma peau, parfois.

— Monsieur, bonsoir. Vous savez pourquoi je vous arrête ?

— Ah ? Euh, non. J'ai fait quelque chose ?

— Vos antibrouillards. Ils sont allumés. Il n'y a ni brouillard ni pluie ni chute de neige, donc c'est interdit.

L'œil de Jean-Mi ne s'est même pas fermé quand il a à peine tourné la tête vers moi, mais après six ans de complicité je sais reconnaître un clin d'œil, sûr de sûr. Un monospace jaune paille avec un costume-cravate au volant, très bien, merci Jean-Mi mais je n'y suis toujours pas. Je tente de me remémorer la liste des véhicules recherchés sur la circonscription mais, outre que je l'ai lue un peu vite à la prise de service, ça reste pour moi du sanscrit deuxième langue.

Je me souviens vaguement de la mention d'une Alfa Roméo jaune volée hier soir, ça oui, c'était marqué. Ils font des monospaces chez Alfa ? Pas sûr. Non, ce truc devant moi ne fait pas partie de leur gamme, le logo n'est pas celui d'Alfa Romeo, le fameux cheval cabré. Non, le canasson sur ses pattes arrière, c'est une marque de voitures de sport mais pas Alfa, Alfa c'est, c'est trop tard de toute façon, Jean-Mi continue sur sa lancée.

— Vous savez que vous pouvez facilement éblouir les gens venant d'en face ?

— Avec des antibrouillards ?!

— Parfaitement. Avec vos antibrouillards. Si vous roulez sur un petit obstacle, si votre voiture a un cahot, les antibrouillards arrivent en plein dans les yeux du conducteur arrivant en face, et c'est très gênant. Ça éblouit, ça peut causer un accident. C'est pour cela que c'est interdit. Vous saviez que vous les aviez mis ?

— Ah non, vraiment, désolé. Mais vous savez ce que c'est, j'ai cette voiture depuis peu, et je ne connais pas encore bien le fonctionnement du commodo, j'ai dû confondre avec les codes, regardez, ici, quand je tourne à peine la manette, ça fait…

Encore l'imperceptible signe. Mais quoi, bon sang ? Évidemment, qu'il a laissé ses antibrouillards pour faire joli, et alors ? En quoi c'est original, sur un bord de route, une énième excuse en mousse de petit garçon pris les doigts dans le pot de confiture ? Et qu'est-ce que ça peut te faire, qu'un frimeur à chemise rayée sous sa veste de costume ait une mentalité de rappeur à bagues en or, waouh t'as vu mes antibrouillards de la mort comme ils sont plus brillants que tes codes ?

Et surtout Jean-Mi, une bonne fois pour toutes, c'est quoi, un Quasimodo[27] ?

— Monsieur ? Monsieur. C'est bon, vous pouvez vous arrêter là. Vous vous souvenez, il y a quoi, dix, onze jours je dirais ? Les policiers qui vous ont arrêté, à deux carrefours d'ici ? Ça y est, ça vous revient ? Mêmes antibrouillards, même excuse, le commodo, la voiture neuve, tout ça ? Vous y êtes ? Le policier qui vous explique : vous me remettez ? Ben voilà. La première fois j'ai été gentil, c'était gratuit. Cette fois, ce sera la version pas gentil, pas gratuit. Permis de conduire, certificat d'immatriculation, attestation d'assurance, je vous prie.

Ah oui, ça me revient. Donc, je ne suis pas physionomiste. Non plus.

27. J'ai appris ce jour-là qu'un commodo est une de ces manettes qui regroupent plusieurs fonctions, par exemple clignos-codes-phares, sur le côté du volant. Je ne plaisante même pas.

Ssshhhisscchhhhcrouitch

— Alors attends, il faut que tu t'imagines, j'ai trente et un ans, je pèse cinquante-deux kilos, je fais un petit bonnet B mais j'ai un joli popotin, le pantalon réglementaire de motard me va très bien, merci. Je suis gradée depuis un mois, et je viens d'arriver dans ma nouvelle unité. Une unité de soixante mecs, et je suis leur première gradéeuh, une gradée, pas un, une.

— Pourquoi tu me racontes ça, on parlait pas de ça, Christine, je te disais que…

— Oui, mais tu as refermé la fenêtre en Plexiglas et ça a fait schcrouitch et je déteste ce bruit, mais alors je peux pas le supporter alors arrête de faire ce bruit et écoute ! Donc, j'arrive dans cette espèce de parc à machos sur leurs bécanes hyper-lourdes, et moi la petite dernière je dois leur donner des ordres. Ça fait pas un mois que je suis là, j'ai eu droit à peine à quelques réflexions un peu olé olé, mais je me fais respecter parce que moi aussi, j'ai un engin entre les cuisses. Ma moto.

« J'aime ça depuis que j'ai l'âge d'en conduire une. En plus j'y étais la seule fille, mais j'ai été super bien classée au stage motards. Cela dit, il ne faut pas que je me rate, ici. Alors je fais super gaffe.

« Je connais ma force : je suis super bonne… Arrête de sourire bêtement quand je dis que je suis super bonne, idiot ! Je suis super bonne en anticipation et en vitesse, c'est grâce à ça que j'ai eu un super classement, au stage ! Par contre, je suis pas terrible en relevage : si la bécane de service tombe, je vais en baver. Cinquante-deux kilos, des bras comme des allumettes, et une moto chez nous c'est trois cents kilos minimum. Je sais faire, mais j'en bave. Donc, ne jamais tomber, c'est la base, pour moi. Surtout devant eux, surtout au tout début de ma prise de fonctions.

« Et imagine, c'est le matin, il est pas tout à fait 8 heures, on est sortis pendant trois heures avec un collègue pour une escorte de transport exceptionnel, et on a pris la flotte, des seaux, des hectolitres. J'en ai plein les bottes, plein la veste, plein le pantalon, je suis gelée, je sens plus mes mains, et je rentre dans le garage en béton ciré qui supporte pas l'humidité, qui glisse comme s'il était lubrifié dès qu'il y a une goutte dessus – encore une trouvaille géniale de l'administration.

« Il y a deux brigades présentes. Tous les mecs en tenue, avec les bottes cirées, qui me regardent faire, jusqu'au major dans son bureau qui donne sur le garage, je le vois qui me lorgne au travers de sa fenêtre coulissante. Tout le monde me regarde. Personne ne regarde mon collègue qui rentre en même temps que moi et qui manœuvre de son côté, lui tout le monde s'en fout, non non, moi toute seule, que des mecs qui me regardent me dépêtrer de ma bécane trop lourde sur le sol glissant, trempée dans mes fringues qui me collent de partout et grelottant de froid. Je te raconte pas la hargne qui me prend à ce moment-là…

— J'imagine !

— Non Serge, tu n'imagines pas. Tu es un mec. C'est comme si, je sais pas, comme si tu te retrouvais sans savoir pourquoi, au réveil, en string à paillettes au milieu d'une scène vide, obligé de danser sur du Village People à fond la caisse devant huit cents types habillés en cuir qui t'applaudissent.

— Ah oui, là je vois mieux…

— Je dois donc garer ma bécane, parallèle à toutes les autres posées sur leur béquille centrale, chacune bien à sa place, à cinquante centimètres l'une de l'autre. J'ai l'impression de piloter une moissonneuse-batteuse en panne à la force des biceps, si tu vois… M'en fous, j'ai la rage, je vais leur montrer, à tous ces mous du genou !

« Je fais un beau virage, j'envoie un coup de gaz genre la frime totale, et je me gare au millimètre, juste entre deux motos. Je regarde surtout pas mes collègues, surtout pas, je reste nature, tu vois, je sors la béquille latérale, et je descends. Je sais que j'ai les fesses mouillées, ça va leur faire de l'effet, ça. Seulement, j'oublie un truc : j'ai non seulement les genoux glacés, mais les pieds gelés, aussi. Donc je manque de sensibilité dans les extrémités. La béquille latérale ne se déplie pas tout à fait et je ne l'ai pas senti, donc quand je descends, son ressort la fait remonter illico. Schclong. Plus de béquille. Et ça, c'était pas prévu dans mon petit cinéma.

« Je prends trois cents kilos de moto sur mes cuisses toutes froides, je valdingue sur la bécane d'à côté, qui évidemment se couche mais, comme elle est très proche de la suivante, elle la fait tomber aussi, et la suivante, avec un bruit de ferraille BADABLAM ! Devant trente types, moi la gradée maigrelette, trente types, j'ai les bottes plus haut que le cul, je suis collée au sol par la flotte, le poids de la moto, le poids de la honte qui monte dans l'estomac. Une horreur.

— Ah oui, là, moi, avec mon string léopard… Je crois que je peux rajouter ma femme et mes gosses au premier rang dans le public, minimum. Avec ma mère, tant qu'à faire.

— Je vois que tu suis, Serge. Je dégouline, coincée au milieu de plusieurs motos qui viennent de toutes se vautrer par ma faute, je gueule dans mon casque, les gars sont écroulés de rire, je m'extrais comme je peux de mon tas de ferraille sérigraphié, et le major derrière sa vitre s'est levé.

« Il fait glisser sa foutue fenêtre sur ses rails de je sais pas quoi, une espèce de caoutchouc qui fait ce bruit qui te scie les nerfs, je supporte pas ce truc, ça fait Ssshhhisscchhhhcrouitch, comme si on arrachait la peau d'un rat, c'est immonde, on entend la peau du rat qui se décolle pendant qu'il crie de douleur, je te jure, arrête de te marrer, crétin ! Je relève ma visière, il n'y a plus un bruit, sauf celui de la flotte qui s'écoule de ma tenue sur le sol, floc, floc, floc, je suis une serpillière qui vient de laver un abattoir en fin de journée, flotch, et tous les mecs me regardent. Le major a fini d'ouvrir sa fenêtre avec son ignoble bruit mouillé insupportable.

« Et le vieux sagouin me sort : “Vous vous croyez où, à une réunion du MLF[28], option cirque ? Vous établirez les constats administratifs d'accident, et vous me relevez vite fait tous les engins. Seule.”

« Et il a refermé sa vitre. Ça a fait SSShhhisscchhhhcrouitch.

« Arrête de jouer avec cette fenêtre, je te dis !

28. Mouvement de libération des femmes, mouvement féministe autonome et non mixte qui revendique la libre-disposition du corps des femmes et remet en question la société patricarcale (source : Wikipédia).

Nostalgie

[Mission – Afrique]

La corde est au sol, détendue, attachée à ses deux bouts à deux énormes bidons lestés, installés de part et d'autre de la route, au mitan du Sahel, cet infini de sable et de cailloux ocre rouge. Sur des kilomètres, quelques arbres rabougris, de loin en loin les stries esquissées de pistes multiséculaires.

Un policier tend la corde pour signifier que le passage est fermé. La première voiture de la file est contrôlée. Il détend la corde, la voiture démarre, passe sur la corde, s'en va. Il tend la corde, la voiture suivante s'avance.

Ma main en visière devant mon béret bleu, je scrute les environs. Rien. Un ânier et quelques bêtes au loin mais sinon, rien. Les ancêtres de mes collègues africains sont là depuis des millénaires, eux tiennent ce poste depuis hier, pour vingt-quatre heures d'affilée : autant de raisons d'être exténués. Je ne leur pose donc pas ma question forcément malvenue mais tout de même, tout autour, rien.

Le contrôle se poursuit dans la marmite de soleil et de caillasses. Je tiens un quart d'heure et, conseiller certes, mais conseiller européen seulement, je fais pas mon malin, je me mets à l'ombre. Je m'installe entre deux collègues locaux en pause, assis sur un tronc d'arbre couché, leur Kalachnikov posée sur une jambe. Je bois un litre d'eau, je m'arrose la tête, me tartine à nouveau la face et les bras d'écran total.

Je me lève, observe les alentours. Tout autour de nous, depuis vingt minutes, rien n'a changé. Rien n'a changé depuis dix bons millions de fois vingt minutes. Il n'empêche :

— Dites, les gars… La route, là, elle arrive du sud du pays, c'est ça ?

— Oui.

— C'est la seule route qui vient du sud ?

— Oui.

— Mais dans le désert, là, tout autour, il y a des pistes, non ?

— Oui.

— Qui entrent dans la ville, aussi ?

— Oui.

— Des pistes que personne ne contrôle vraiment, puisque vous êtes en sous-effectif, n'est-ce pas ?

— Oui.

— Donc, si je résume : on installe à demeure des contrôles routiers sur les axes principaux donnant accès à la ville, dont celui-ci. Tous les passeurs de migrants, tous les terroristes, tous les trafiquants de drogue et d'armes du pays savent où se trouvent les points tenus par la police. Et tout autour de ces contrôles fixes, il y a des centaines de kilomètres de pistes qui leur permettent d'entrer dans la ville en n'étant quasiment jamais contrôlés. Si des criminels empruntent cette route, ils sont absolument certains d'être contrôlés. Et sur les pistes, quasi sûrs de ne pas être contrôlés. Ma question est donc : qu'est-ce qu'on fout là ?

— Monsieur Serge, la route elle est ici. Notre commissaire il a donné l'ordre que le contrôle routier, il doit être ici. Alors nous, on fait quoi ? On est ici. C'est bête ? Oui. Et alors ?

Oh la vache ! Pendant un instant, je me suis cru en France.

Un grand, l'air con

Consignes reçues en direct du ministère par mon directeur départemental : leur faire le meilleur accueil. J'imagine d'ici la phase suivante, la réunion présidée par ledit directeur, qui a son franc-parler et minimum cinquante affaires à traiter par jour, dont la dernière lubie du cabinet de son ministre :

— C'est quoi, leur sujet ? L'habitat indigne ? On a ça en stock, nous ? Attendez, on n'a pas un de nos gars qui s'en occupe, un major ? Ribaud, Ranaud ? Mais si, un grand, l'air con[29]… Reynaud, voilà, le major Reynaud. Allez hop, vous avisez Reynaud, il se tapera la semaine de tournage avec les journalistes de W6, sujet suivant. Comment ? W9 ? Si vous voulez. Sujet suivant.

Donc une équipe de W9 avec moi pour cinq jours. C'est long, cinq jours.

Les décisionnaires policiers avec l'aiguille du trouillomètre qui fait ventilateur, les exigences contradictoires, les défections de dernière minute, les susceptibilités à vif et Ranaud, Ribaud, moi au milieu des tempêtes générées dans tous les verres d'eau possible. Et aussi :

29. Ce grand chef adorait citer Michel Audiard (ici, *Le cave se rebiffe*), ce que personne ne prenait au premier degré, et surtout pas moi.

— Des images, on veut des images. On veut voir l'arrestation, y aura une arrestation, major ? Hein, une arrestation ? C'est super, les arrestations ! C'est mieux s'il y a une bagarre, des menottes qui claquent, une course-poursuite, des pétards sortis, des couchez-vous, haut les mains, des cris, du caméra à l'épaule, des cagoules sur des combinaisons tactiques, du crépuscule propice et un hélico au loin !

— Non.

— Quoi, non ? On a l'accord de votre ministère ! Comment non ? Pourquoi non ?

Parce que non. Vous voulez une opération de police ? Ben voilà. Je vous épargne mes réunions avec la mairie, les pompiers, l'Hygiène, les horaires, analyse structurelle du bâtiment, situation administrative des gérants, état des arrêtés municipaux, agendas des intervenants, négociations avec mon état-major, aval du procureur et j'en passe mais pour finir, mercredi matin, ce sera une intervention de police. De police, classique. On se prépare, on anticipe mais ce sera comme d'habitude, si les locataires sont absents, si les gérants sont partis en vacances la veille, si le procureur annule, si ma tante en avait. On est flics, pas metteurs en scène. On s'adapte, on négocie, on fonce, on se replie, on réfléchit, on repart, on téléphone, on écrit, on verra bien : on ne sait rien avant, donc vous non plus.

Il n'y a pas de scénariste, pas de mise en scène, je n'embrasserai pas l'héroïne botoxée à la fin. J'aurai un mètre pliant, un papier, un stylo, des constatations à effectuer, deux, trois, six PV à rédiger, des entités dissemblables à coordonner, un appareil photo, des victimes à auditionner, des consignes à donner et à recevoir, une vie de flic à mener. Alors les belles images, là, maintenant, tout de suite, je ne sais pas et je m'en contrefous : c'est votre problème.

Finalement ils ont filmé leurs arrestations de marchands de sommeil, les auditions de victimes, les cafards courant dans une piaule de dix-huit mètres carrés pour six personnes, les policiers courant après les délais, les gyrophares et le pin-pon. Pour moi, pareil, content : collègues réactifs, victimes bien accompagnées, mairie satisfaite, procureur et hiérarchie policière idem, quarante-huit heures de garde à vue, jugement en comparution immédiate.

Je respire, c'est dimanche.

J'évacue les journées de douze heures, les ordres contraires, les problèmes de dernière minute, les plans de coupe à refaire, les cafards en rond sur la hotte, les six matelas pourris sur les quatre lits tordus, les victimes effarées, les gérants répugnants, les réunions assommantes, les regards torves de quelques collègues vers les caméras toujours braquées sur l'autre, là, le major, Ranaud, Ribaud.

C'est fini.

Et j'ai pas la télé.

Good night

— Major Reynaud, j'écoute.

— Bonjour, je parle bien au major Serge Reynaud ?

— Oui.

— Commandant Chuteau, de la Direction centrale. Vous aviez réussi les épreuves de présélection il y a dix-huit mois pour des missions de longue durée à l'étranger, vous êtes toujours volontaire ?

— Ben, oui.

— Très bien. Un jury international veut vous auditionner par téléphone pour un poste en Afrique subsaharienne, ça vous va ?

— Ben, oui.

— OK. Vous serez interrogé sur les structures de l'Union européenne et de l'ONU. La géographie de l'Afrique, ses cultures, ses criminalités, ses terrorismes. L'interview aura lieu en français et en anglais, donc bossez votre anglais aussi. Ça ira ?

— Ben… oui.

— Des questions ?

— Ben oui. Quand, l'audition ?

— Demain matin, par téléphone, à 9 heures. Ça ira ?

— Ben… je peux dire non ?

— Non.

— Bon, ben oui.

C'est comme ça, ici

[Mission – Afrique]

Hier soir un de mes contacts locaux, la gendarme Mariama, m'a appelé pour me dire qu'une de ses voisines avait amené son garçonnet dénutri à l'hôpital. Ici c'est comme ça, jusque dans la capitale du pays la faim tue des enfants

Or, si la loi locale impose la gratuité des soins pour les mineurs, dans tous leurs hôpitaux les soignants font la loi. Ils volent tout, les draps, les médicaments, jusqu'aux sachets d'ATPE[30].

Ils revendent tout aux patients. Et ceux trop pauvres pour acheter ? Ils meurent. Aussi simple que ça. C'est comme ça, ici. Par le biais de Mariama, j'ai fait parvenir à la mère une vingtaine d'euros, avec ça elle pouvait corrompre qui de droit, sauver son môme.

Ce matin, tandis que je négociais une coque de protection à six euros pour mon nouveau smartphone

30. Les aliments thérapeutiques prêts à l'emploi (ATPE) sont destinés aux jeunes enfants atteints de malnutrition sévère aiguë. Bien qu'il en existe plusieurs marques, les ATPE sont tous composés des mêmes ingrédients de base : de la pâte d'arachide, des micro-nutriments, de la graisse végétale et des vitamines. Ils se présentent sous la forme d'une pâte un peu molle sucrée facile à consommer. La prise de ce traitement ne nécessite aucune assistance médicale et limite le recours à l'hospitalisation : c'est souvent le parent qui administre le produit, et l'enfant lui-même peut se soigner de façon autonome. (Source : Wikipédia.)

– ici c'est comme ça, on négocie tout – j'ai reçu un message de Mariama :

Lenfandécédé 7nuitDézolée

Ce soir, il est l'heure de retrouver la jolie Mariama au restaurant. Je fais démarrer mon 4 × 4 de fonction, un des gardiens ouvre le portail, j'avance doucement, je stoppe devant une fillette qui traverse la piste en criant pour rejoindre sa case de planches et de bâches à trente mètres de là, elle est déjà loin, je sors de la voiture, je retire la coque du téléphone, la jette dans une poubelle, lui claque le couvercle sur la gueule, je respire, je démarre.

Je fais des trucs comme ça, ici.

Ma médaille

Alors que je suis occupé à régler d'indispensables problèmes procéduraux et administratifs qui pour sûr changeront la face du monde avant jeudi, le téléphone m'interrompt. L'homme est une des victimes d'un marchand de sommeil auquel je me suis intéressé l'année dernière.

Je ne savais pas que le jugement avait lieu aujourd'hui, mais il a assisté tout à l'heure à la comparution du gérant, et il tient absolument à me faire savoir qu'il est furieux : l'avocat dudit gérant m'y a dépeint, moi l'enquêteur, comme un harceleur protégé par son statut de fonctionnaire, totalement obnubilé par son innocent client, par pure perversion policière.

Deux mois d'enquête. Quinze chambres pourries, minuscules, sans point d'eau, sans chauffage mais avec cafards. Le gars au téléphone est outré, mais comment peut-on oser ?

On peut, c'est le jeu. Je mets bien trois minutes à faire comprendre au monsieur surexcité que non, on s'en fiche, monsieur, vraiment : à la barre, la parole est libre, l'avocat était dans son droit. Si le dossier avait été mauvais, il l'aurait attaqué au lieu de s'en prendre à l'enquêteur, donc c'est plutôt une bonne nouvelle pour vous, les juges ne sont pas dupes. Je me suis fait traiter de harceleur ? Ça change, d'ordinaire, c'est brute épaisse. Merci de m'avoir appelé, laissez courir, franchement ce n'est rien. Si si, je vous assure : ce n'est rien.

Je me suis fait traiter de harceleur par un avocat, et une victime a pensé à me remercier. Ma collègue de bureau m'a jalousé à mort tout l'après-midi.

Oui, mais bon

— Alors là, n'est-ce pas, c'est où les employés se changent.

Deux minutes que nous sommes entrés dans la boulangerie, nous voilà au sous-sol sans fenêtre. Effectivement, des portants sont affublés des vêtements des employés, qui se sont donc bien changés ici. Au milieu des frigos et congélos serrés, entre des tables en inox et des pétrins sales, tu parles d'un vestiaire.

Le binôme féminin des services de l'Hygiène, équipé de ses thermomètre, sonde et appareil photo, commence son office tandis qu'avec deux collègues, j'observe. Les sols sont glissants d'une substance que je n'identifie pas, graisse sans doute, saindoux qui sait ? Le premier frigo est répugnant de crasse, et à l'ouverture dégage une haleine de chacal. Pour le deuxième, de chacal aussi, mais mort l'avant-veille. Les dames de l'Hygiène flashent à tout-va sur les murs couverts de coulures, les fours à micro-ondes autrefois blancs et dégoulinants de brun collant. Le gougnafier – je ne dirai pas boulanger, éprouvant un vrai respect pour les artisans – les accompagne, volubile et débonnaire. Vu les constatations en cours, je me méfie ; le côté bonasse du babillant bonhomme pourrait vite se transformer en agressivité cogneuse.

Le voyage au pays de l'horreur sanitaire se poursuit. Une des fonctionnaires finit par en rire, d'un rire nerveux, mal assurée sur ses jolies chaussures qu'elle a bien du mal à préserver de l'environnement. Elle sort d'un frigo débranché un seau lourd, appelle sa collègue. Je jette un œil : le seau pétille, et la dame de l'hygiène se bouche le nez en riant. Ce n'est pas spectaculaire, mais des bulles montent du fond, éclatent à la surface verdie et filandreuse. La sauce tomate vit sa vie propre, couvant ses bactéries avec amour sous son filet de moisissures en attendant d'être étalée sur les pizzas vendues au rez-de-chaussée. Je sens que le procès-verbal de ces dames fera date, dans les annales de leur service.

Le sagouin, toujours aussi peu concerné par l'arrêté de fermeture administrative qui se profile, précise détendu :

— Oui, mais bon, la sauce on la cuit, madame.

La blatte longue comme mon auriculaire, qui tombe du plafond à nos pieds et gigote sur le dos, tellement grasse qu'elle ne peut se remettre dans le bon sens, fait tiquer plus qu'un peu les dames de la préfecture. Et la réflexion tout en absolution d'évidence du Thénardier des baguettes bien cuites les touche à peine :

— Ah mais bien sûr, mais bon, hier y en avait pas…

Les dames n'en sont plus aux explications, surtout quand elles constatent la présence de crottes de souris sur les tables.

Sur. Pas sous. Sur les tables. Là où de la farine mêlée aux pépites de chocolat se verra roulée en viennoiseries, des crottes en cercle, toutes au même endroit : ces charmants animaux ont un sens de l'hygiène fort développé, que d'aucuns feraient bien de prendre en modèle.

Puis, au point que la porteuse d'escarpins en crie, choc et répugnance mêlés :

— Marie ! Marie, regarde !

À pas un mètre de ses petons tout de vermillon enjolivés, un rat gris sur son flanc gît, gueule rose ouverte et langue framboise sortie sous la table acier brossé. Je crois bien que j'ai été le seul à entendre la voix tranquille, innocente dirais-je, de l'autre enfariné :

— Ah oui mais bon, il est mort.

Des chiffres et des êtres

[Mission – Afrique]

Au volant de mon 4 × 4 de service, je longe d'immenses décharges fumantes, sur lesquelles des bidonvilles sont jetés tels des sacs-poubelles éventrés. À chaque feu rouge, je suis sollicité par des mendiants difformes, des vieilles aux trognes scarifiées, des filles couvertes de cinq, six gosses, voire plus. Comme tous les jours.

Comment y échapper ? Dans ce pays de misère, la fécondité moyenne est de 7,5 enfants par femme. Avoir dix enfants à trente ans n'y est pas exceptionnel. La moyenne d'âge de la population y est de quinze ans. Et le revenu moyen est de 94 centimes par personne et par jour.

Je suis arrivé. La piscine qu'on m'a conseillée se trouve dans cet hôtel, gardé par un détachement militaire armé. Je découvre le bassin, petit mais très propre, entouré d'arbres à fruits bizarres, de perruches multicolores et de tourterelles irisées. Je m'acquitte des 6 euros pour l'entrée, m'installe à l'ombre sur un transat, commande une limonade. Alentour sur la pelouse bien tondue des aigrettes picorent, se chamaillent pour un grillon, une fourmi.

Près du court de tennis, les serveurs en uniforme installent des nappes blanches sur de longues tables, alignent les chaises au cordeau, ajoutent des rubans de fleurs entre les couverts. Sur la scène provisoire, un DJ règle ses amplis, une soirée s'annonce. La banderole au-dessus de la scène donne le programme : « Conférence annuelle du Rotary Club, en présence de la Première dame ».

Mes révisions pour les épreuves de sélection de cette mission ne sont pas si vieilles : en France, le taux de fécondité moyen est de 1,88 enfant par femme, la moyenne d'âge est de quarante-trois ans, le salaire journalier moyen, de 79 euros.

J'entame mes longueurs dans la jolie piscine. 7,5 enfants. Quinze ans. 94 centimes.

Tout va bien. 7,5 ; 15 ; 94. Je nage.

Je nage. Je nage. Tout va bien.

Venise et gènes

[Mission – Afrique]

Nous, policiers européens, papotons au bureau en ce matin africain. La conversation d'après-café s'anime au milieu des friandises apportées par les gardes civils espagnols, on chambre nos potes les carabinieri. Pourquoi les Italiens ? Ce doit être leur tour.

Et la pasta à tous les repas et à toutes les sauces, et les grands gestes quand ils parlent, et la Mafia, et les gelati qui font prendre du poids, et la chanson sucrée et le café amer et la drague en Vespa et la cuisine à l'huile, et… Francesco, quadragénaire vénitien d'ordinaire équanime, s'échauffe prestissimo :

— Ma, comment vous pouvez répéter de tels stéréotypes ? Les Italiens d'aujourd'hui sont des Européens comme les autres, nous étions même parmi les premiers : le traité de Rome, c'est chez nous ! Depuis longtemps maintenant les Italiens voleurs d'essence avec la gomina dans les cheveux et le peigne dans le maillot, c'est fini ! Nous sommes ingénieurs, écrivains, entrepreneurs, scientifiques, nous avons une Italienne astronau… – *bilibilibilibi*.

Interrompu grossièrement dans sa furia italiana, il jette un œil noir sur son téléphone et comme ça, en une seconde, il sourit des yeux, des pommettes, il sourit du front à la taille, il arrête tout, le monde s'arrête autour, il nous efface de son monde, se lève, se dirige vers la porte, décroche tout en bonheur et crie du cœur :

— MAMMA !

Brainstorm

Le commissaire, en réunion de commandement :

— La Direction centrale à Paris nous demande nos suggestions pour améliorer l'accueil du public dans nos commissariats. Personne n'a de suggestion à faire remonter ? Personne, vraiment ? Pas même vous, lieutenant ? L'amélioration de l'accueil, ça vous parle ?

Le lieutenant, coude sur la table, menton dans la paume :

— Vu notre public habituel, je dirais : agrandir les cellules de garde à vue ?

Fausse route

[Mission – Afrique]

Mon équipe palabrait depuis cinq bonnes minutes avec le chef de tribu, le village entier rassemblé en arc de cercle autour de nous. Les enfants riaient à nos risettes, les femmes souriaient, les hommes écoutaient le chef, les terroristes surgissaient derrière nous Kalachnikov en main, en hurlant leurs *Allahou akbar*.

Ils nous ont lié les mains dans le dos, nous ont mis une cagoule sur la tête, nous ont rudoyés, insultés, nous ont relevés pour une balade en file indienne encordés sous le soleil d'enfer, nous ont écrasé la gueule dans le sable, nous ont arrosés de gasoil. Et encore, ceux-là étaient des gentils kidnappeurs, juste nos instructeurs sur l'exercice enlèvement.

Les coups, les ordres, les insultes, les hurlements, tout le monde a géré à peu près mais un gars du groupe a tenté d'appliquer une technique toute personnelle : la dissociation. Je ne ressens rien, ce n'est pas à moi que ça arrive, je me détache de moi-même pour voir tout cela comme un film et rien de plus. Tu parles d'une méthode, tout le groupe est allé au bout de l'exercice, sauf lui.

Le port forcé de la cagoule a dû éveiller chez ce tocard un souvenir d'enfance, un cauchemar claustrophobe ou que sais-je, et il est parti en suffocation, un reflux gastrique l'a submergé, il ne pouvait plus respirer, tu te rends compte ? Un simple bout de tissu devant les voies aériennes et c'en était fini du contrôle de soi, il s'étouffait, il allait crever, son estomac lui a envoyé une première fusée, qu'il a maîtrisée de justesse mais il a bien senti qu'en cas de deuxième salve il crèverait là, noyé dans son propre vomi. Cet abruti savait pourtant qu'il ne risquait rien, les instructeurs étaient des professionnels de toute confiance, l'exercice était sous contrôle et au pire, il pouvait quitter le jeu à tout moment en prononçant la formule clé « *No play, no play, no play !* ».

Le pleutre savait que c'était son cerveau, trompé par l'afflux massif de sensations et d'informations à traiter, son cerveau seul qui lui envoyait des réactions de panique abjecte, il le sait mais il n'y peut rien, il va crever d'insolation, d'asphyxie, de noyade, de stress, son estomac se retourne à nouveau, le bol alimentaire monte vers sa glotte et si la première fois a été gérable la deuxième ne le sera pas ; il est moniteur de secourisme, il connaît la fausse route : le vomi prend la mauvaise direction et s'engage dans les poumons au lieu de sortir par la bouche, mourir étouffé sous une cagoule en polyamide pleine de vomissures grises et rouges des résidus acides de la bolognaise de midi, se noyer dans son vomi mourir noyé surtout ne pas mourir hurler *NO PLAY NO PLAY NO PLAY !*

Les instructeurs ont à peine entendu son murmure, flûté d'une voix tremblotante de gamine perdue en forêt. Enfin, ça, c'est ce qu'ils ont dit.

Mais moi je le sais : en vrai, j'ai hurlé.

Nature et découverte

[Mission – Afrique]

Jérôme, un de nos officiers de sécurité, a sympathisé avec un des Touaregs de notre escorte, qui lui offre un litre de lait de chamelle à peine trait, tout chaud.

Il en boit trois gorgées, trouve ça très bon, m'en propose. J'y vais d'une large lampée : c'est pas mauvais, un peu comme du lait de brebis.

Il me reprend la bouteille, en propose à un autre Touareg qui, très sérieux :

— Non merci, ça donne la diarrhée.

17

Françoise me fait signe de jeter un coup d'œil sur son activité. D'un clic je bascule de mon écran de superviseur vers le sien. Opératrice radio, elle traite dix-huit interventions, dont ce gros accident routier depuis une trentaine de minutes. Elle m'avait déjà annoncé le bouchon important et la déviation mise en place, plus au minimum deux blessés graves.

Elle tape à toute vitesse son texte à la manière locale : style télégraphique, majuscules obligatoires, espaces aléatoires, orthographe rock'n roll et ponctuation superflue. Elle le valide, il s'affiche : CODIS 2DCD+1GRAVE / BCA AVISEE

Le Centre opérationnel départemental d'incendie et de secours (les pompiers) vient de lui annoncer deux morts et un blessé grave, elle a transféré les infos à notre Bureau central accidents qui va se déplacer pour le constat. Dès qu'elle aura récupéré les identités des victimes, elle me fera signe, je pourrai dès lors rendre compte aux autorités.

Les quatre autres opérateurs devant leurs écrans ont l'air serein. Matteo a missionné une patrouille pour une alarme intrusion dans un pavillon, Christelle en envoie une sur des cris d'enfants dans un appartement, le tout-venant. Plus loin derrière leur vitre, les opérateurs 17 gèrent au mieux. Environ 15 % des appels qu'ils reçoivent correspondent aux critères d'urgence. 85 % des appels ne devraient pas aboutir ici, à Police Secours.

Ludo, mon adjoint posté près de moi, s'est ouvert d'initiative une ligne 17 il y a plus de deux heures, pour soulager un peu ses collègues. C'est la période maudite, de 18 heures à 1 heure du matin : des centaines d'appels à la chaîne dont les 15 % d'urgences réelles tels l'agression, l'accident avec blessés, le cambriolage en cours, la tentative de suicide. Parmi l'inopportune litanie des « Ma porte a claqué je suis enfermé dehors », « Je peux pas porter plainte par téléphone ? » et « C'est quoi, le numéro de la fourrière ? », il ne faut pas rater la disparition inquiétante, le viol, l'overdose, le braquage, les violences domestiques.

Françoise m'adresse un sourire contraint, lève trois doigts, je vérifie : CORECTION CODIS 3DCD. J'aimerais lui répondre mais Ludo parle de plus en plus fort à côté de moi, je ne m'entends plus penser :

— J'ai compris, vous êtes aux urgences depuis deux heures avec votre fille, elle a de la fièvre, ça fait TROIS FOIS que vous me le dites. Et pour la dernière fois, je ne vous ENVERRAI PAS de patrouille pour faire admettre votre petite avant tout le monde. Monsieur, les admissions aux urgences ne SE FONT PAS selon l'heure d'arrivée des patients mais selon la gravité de leur état. Les personnels médicaux ne sont pas assez nombreux pour… Monsieur, écoutez-moi monsieur, monsieur, MAIS PUTAIN espèce d'abruti je suis sûr que tu votes pour diminuer le nombre de toutes ces feignasses du service public, les infirmières aussi, c'est du service public, CONNARD, alors maintenant qu'il n'y en a plus assez pour s'occuper de TA gosse, tu assumes, tu patientes et surtout TU FERMES TA GUEULE !

Il raccroche comme il abattrait son poste à la masse de chantier.

Les radios suspendent leurs échanges, les opérateurs téléphone laissent les aigrelettes sonneries agacer seules le silence. Quinze regards se tournent vers moi. Toutes les conversations en ces locaux – radio comme téléphone – sont enregistrées, et Ludo vient d'insulter un requérant devant le chef de salle. Je pose mes deux mains à plat sur le bureau, m'accorde une respiration.

— Ludo, tu arrêtes immédiatement avec les gros mots. Parfaitement, les gros mots, j'ai bien entendu, tu as dit des gros mots : « fonctionnaires », et même « service public ». Sans déconner. Françoise, tes trois morts, tu as les identités ?

Le bon type

— Bonjour Serge, dites-moi, c'est quoi Pantone ?

— Commandant ?

— Christophe, il est de votre section, non ? Il nous a écrit Pantone je sais pas quoi dans son PV d'interpellation du pickpocket, vous savez ce que c'est ?

— Je ne l'ai pas vu passer, désolé.

— Si, vous l'avez vu passer, puisque je l'ai en main ; tenez, je vous montre, c'est là.

Je lis le PV. Ou plutôt je le relis, car je lis tous les PV avant de les transmettre à l'échelon supérieur. Je lis, plus lentement que la première fois, la phrase que pointe mon supérieur.

Disons recevoir par message radio le signalement de l'auteur, à savoir Homme Pantone 419 C, 20 ans environ, cheveux très courts, habillé d'un survêtement bleu et de chaussures de sport blanches.

J'éclate de rire.

— Content que ça vous amuse. Vous m'expliquez ?

***

Un mois plus tôt

Une personne noire de peau ne doit pas être décrite comme noire. C'est discriminant, ou je ne sais quelle épithète, en tout cas c'est tellement pas beau qu'on ne peut plus. C'est une consigne de la Direction, que j'ai lue à mes gars au rassemblement du matin. Dorénavant, on doit dire lors des échanges radio ou dans nos écrits « de type africain ».

Momo m'a fait remarquer qu'un Martiniquais noir est caribéen, soit sud-américain, mais qu'il est dorénavant de type africain. Que lui-même, de type maghrébin, pourrait se revendiquer de type africain tout autant qu'un Sénégalais ordinaire. Et un Blanc, on peut le dire ou maintenant, c'est type bourguignon ? Sans rire, ils n'ont pas autre chose à foutre, au ministère ?

J'ai eu droit à une bronca générale, mais Christophe n'a rien dit. Alors que lui, je l'attendais. Je préfère toujours qu'il gueule avec les autres, sinon ça veut dire qu'il réfléchit, et s'il réfléchit je suis certain qu'il va me glisser une peau de banane un de ces jours. Et voilà.

Ma compagne, couturière, m'a déjà parlé du référentiel Pantone, qui liste et référence toutes les couleurs et dont se servent les couturiers, les architectes d'intérieur, les marchands de peinture et autres.

J'ai vérifié, Pantone 419 C = noir. Pardon, de type africain.

Qui pourra croire ?

Qui dira jamais l'horreur ? Qui pourra jamais le croire, simplement l'imaginer ?

Un collègue s'est suicidé d'une balle dans la tête, devant son armoire. Il est descendu au sous-sol comme tous les jours, et il s'est tué, avec sa propre arme, juste avant l'appel.

L'appel aux pompiers n'y a rien changé, il s'est emporté la gueule et la moitié arrière du crâne dans un trou de calibre 9, il est viande et uniformes mêlés, plus rien d'humain déjà et tragique à trembler. Ses collègues sont descendus, n'arrivent pas encore à formuler les questions, les pourquoi, pourquoi ici, chez nous, chez toi. Ils restent autour bras ballants tandis que l'un d'entre eux sort la rubalise, ce ruban rouge et blanc siglé Police nationale, pour entourer la scène de crime.

Avant que de se rendre compte de sa bourde sans importance. Il l'a sorti parce que c'est la procédure, et qu'est-ce qu'on en a à foutre ? C'est un collègue, il vient de se tirer une balle dans la théière, il a dispersé sa cervelle sur le mur derrière et lui, sa rubalise, pense sans y penser à la préservation des traces et indices.

Qui pourra croire qu'un jour cela s'est déroulé, chez nous ?

Les pompiers œuvrent, vite. Plus rien ne bat dans la carcasse, il faudra prononcer le décès. Ces scènes qu'ils ont tous vécues, ces moments pendant lesquels eux ont dû souvent gérer les témoins, les pleurs des familles, le désespoir alentour, cette fois ils sont dedans et il n'y aura personne pour leur expliquer, personne pour les calmer, personne ; ils sont tout seuls.

Ils sont là, en tenue, prêts à agir, ils ne servent à rien, ils le savent. Qu'est-on censé faire quand un collègue vous quitte à l'arraché, à l'emporte-pièce ? Quand la tragédie s'invite dans un vestiaire, au milieu des photos mêlées de playmates huilées et des bouilles rigolardes d'enfants de potes affichés sur l'une et l'autre porte de ferraille des armoires ? Que dit la loi, que dit la routine, que dit le règlement ? Qu'est-ce qu'on fait, bon sang ?

Il y a une recette, quelque part ? On détourne les yeux ? On arrête de regarder la flaque de sang lourd et noir s'étalant lentement vers le couloir ? On demande aux pompiers d'arrêter leur cinéma ? L'équipe du Samu se présente, qui entame sa procédure, quand bien même il n'y a plus rien à faire. Cette chorégraphie ne sert qu'aux vivants qui restent : on s'occupe de votre proche, et ça se voit ; alors l'espoir, peut-être ? Vous êtes sûr ?

Pas de révolte, pas de hurlements, on a fait tout ce qu'on a pu ; il est parti. Grâce à l'absurde cérémonie, le deuil commence. Les hommes présents le savent, les sauveteurs jouent pour eux la scène mais ils connaissent les regards, ils connaissent leur rythme quand il y a un espoir, ils ne les tromperont pas, et ils les remercieront.

Qui pourra un jour me lire et penser que ça a eu lieu, qu'il a fait ça un jour et qu'on le croit humain, appartenant au genre humain ?

Le médecin du Samu constate le décès. Les hommes autour, une brigade, sa brigade, vivent de ces secondes indécollables les unes des autres, pas encore tristes, qu'ils savent inoubliables et qu'ils voudraient déjà effacées, de ces secondes qui tordent les gorges et griffent les cortex jusqu'à leur propre fin, de ces secondes qui font des histoires, des anecdotes incompréhensibles au reste du monde, ceux qui n'étaient pas là ce jour-là.

Leur commissaire entre dans la pièce, traverse les rangs, il écarte le docteur d'une bourrade et il enjambe le cadavre. Oui, il a marché dans le sang. Il s'approche de son but : le carnet d'amendes forfaitaires vertes qui dépassait de l'étagère du dessus dans l'armoire du mort. Il l'attrape, se retourne vers le premier venu, le lui remet :

— Vous n'oublierez pas de faire le PV de restitution des formulaires, sinon c'est le bordel.

Il a dit, il a fait cela et hormis les quinze personnes présentes nul n'y croira jamais.

Ils n'ont rien dit à la veuve, ils n'ont rien dit à personne, puisqu'ils l'ont raconté à tous les flics du département, à personne donc.

Personne ne les aurait crus, sauf tous les flics, qui savent.

Sombre est la nuit

La guimbarde n'avait pas de feux de croisement, donc nous en faisons le tour pour tout vérifier. À notre demande, le conducteur fait fonctionner les organes de manœuvre : ampoules de feux de croisements grillées, et pas de clignotants non plus. En gros, il conduit sans vergogne une dangereuse poubelle.

Mon Bruno, je le sens, s'énerve en dedans. Il a son masque placide, de plus en plus placide sous le calot, ce qui n'est pas bon signe : le conducteur va manger sévère, quand il aura fini son inspection. Je le connais bien, quand il est comme ça, faut pas le chercher.

— Monsieur, vous pouvez remplacer vos ampoules tout de suite ?

Le monsieur ne peut pas. Il va donc prendre une amende salée, plus le droit de repartir à pied : sa voiture va être immobilisée sur le bord de la route.

— Serge, tu as fait le tour des roues ?

Euh, j'aurais dû, en fait, mais j'avais…

Bruno n'attend même pas la réponse. Il s'agenouille sur le bord de la route, tente de vérifier dans la pénombre la présence ou non de « sculptures sur toute la largeur de la bande de roulement », nom officiel du pneu lisse.

— Serge, tu me passes la lampe ?

Alors oui, mais non, parce que je l'ai laissée dans ma sacoche et elle est restée sur le siège arrière parce que… Bon, ça va bien maintenant, je suis son supérieur, je ne me laisse pas démonter.

Je tire de ma poche mon porte-clés qui, sur le gros anneau, porte une mini-torche de trois centimètres, assez puissante à faible distance, en tout cas suffisante pour vérifier des pneus. Je lui tends le tout.

— Serge.

— Quoi encore ?

— Ta lampe, là.

— Quoi, ma lampe ?

— Va m'en chercher une vraie, de policier. Je suis motard, pas proctologue.

Réagir

Mon texte, là, « Qui pourra croire ? », quelques pages plus haut. J'espère bien qu'il t'a choqué autant que je l'ai été, quand plusieurs témoins de confiance m'ont raconté l'affaire au lendemain des faits. Choqué autant que moi quand, au plus profond de mes chagrins, je me suis forcé à gratter le dégoût pour en sincérité le recracher là, dans un livre, pour te parler de cœur à cœur, pour que monte en ta gorge ma bile, que coulent sur tes joues mes larmes.

Or, je me suis fait gruger, complètement escroquer, par le plus stupide des manipulateurs. Moi, le professionnel, je me suis fait balader comme un bleu, et par qui ? Moi.

Longtemps après avoir écrit ce texte, j'ai rencontré Marilou, la collègue qui avait mené l'enquête ultérieure. La scène a été balisée, croquée, photographiée, les témoins, auditionnés, la procédure complète a été menée à terme dans le temps judiciaire, avec méthode et professionnalisme. Oui, c'était bien un suicide.

L'anecdote a durablement remué chez moi des envies de meurtre, de tête galonnée sur une pique prolétarienne. Et ma pote enquêtrice a vu les deux côtés de l'histoire : ce type, celui qui avait marché dans le sang du mort, n'a pas délégué l'atroce corvée, il a prévenu lui-même la famille, l'a reçue dans son bureau. Il a, au téléphone, devant ma collègue, d'une rage froide exigé de son supérieur qu'il se déplaçât sur site, alors que ce dernier avait dans un premier temps invoqué « une réunion importante » pour ne pas venir. Il s'est exposé en conscience, en a fait beaucoup plus que ce que la procédure ou le règlement lui imposait. Selon elle et son équipe d'enquêteurs, il avait été emporté par l'émotion, dépassé par l'excès de stress et avait fait n'importe quoi les deux premières minutes, mais tout de suite après et sur la durée, il avait été exemplaire. Mais.

Mais, pour dire le moins, il n'était pas connu auparavant pour sa chaleur, son sens de la diplomatie dans sa pratique journalière des relations humaines. Surtout pas le genre tape dans le dos, le bonjour souriant au petit matin, les babils de machine à café.

L'image d'un haut gradé tout de morgue emmanché marchant dans le sang d'un petit gardien de la paix au crâne éclaté était trop forte : il a été mieux que bien, mais rien n'y a fait. Et, ça me râpe le palais au sang de l'avouer, j'ai pensé comme tout le monde.

Je n'ai pas enquêté, pas recoupé. J'ai compati. Je n'ai pas vérifié, je n'ai pas élargi le cadre, je n'ai pas établi les faits, les faits, les faits. J'ai réagi.

Et alors ? Comme tout le monde ! Ce n'est pas un crime !

Ça devrait.

Ciao, ciao !

[Mission – Europe]

Neuf policiers européens dont moi, alignés au petit matin sur le port de Messine, attendons depuis plus d'une heure maintenant l'accostage d'un bateau de guerre empli de migrants, recueillis en mer la nuit dernière. Une heure, c'est long, sur un quai désert. Ah tiens ? Pas complètement.

Depuis le bout du quai, deux types s'avancent vers nous d'une démarche ferme et à peine chaloupée, sûrs d'eux, maîtres du terrain qu'ils foulent, de l'air qui les entoure ; dans leur dos l'énorme soleil rouge sang s'alanguit sur la rugueuse Sicile.

Le premier, la trentaine, lunettes de soleil sur le haut du crâne rasé, barbe de trois jours, t-shirt rose très serré sur de gros bras tatoués, blue-jean savamment déchiré, pieds nus dans les sneakers. Son acolyte, quarante-cinq ans, chaussures de sport, pantalon de treillis noir satiné-froissé, chemise blanche largement ouverte, bronzé, autour du cou trois épaisseurs distendues d'un chèche aux dessins camouflage, barbe de trois jours, coiffé au gel.

Le Hongrois, les Français, l'Allemand, les Grecs, le Finlandais, tous les neuf nous regardons entre flics, pas besoin de parler. Jamais vu ces gars de notre vie, et d'entrée on les reconnaît. Sûr. Ils ont le regard, la dégaine, tout.

Dieter, notre collègue allemand, a des bases en italien qu'il veut éprouver, il les aborde sans façon. Bonne intuition, mais c'était trop facile : ce sont bien des collègues de la brigade anticriminalité.

Après trois minutes d'un échange fort cordial, ils nous quittent et montent dans leur voiture, démarrent trop vite, *Arrivederci !*

Ils sont clairement en Ferrari rouge. Même si nous, on la voit bleu clair, leur Fiat Panda.

Avé des olives

Je m'attable à l'apéro. On me sert un cocktail maison et, en moins de cinq minutes, la copine qui m'a amené ici ne peut pas s'empêcher de préciser que je suis policier.

Immédiatement, une charmante quadragénaire-animatrice-socioculturelle-seins-libres-sous-le-pull-angora m'assène la fameuse vidéo d'un flic cogneur de lycéen qu'elle aussi a vu tourner sur les réseaux sociaux, et j'ai droit à un très choqué :

— Alors qu'il avait juste insulté les policiers, c'est tout !

C'est tout. Parfois je fatigue, ce sera ma seule excuse.

— A priori, je suis plutôt d'accord avec vous, la torgnole me semble injustifiée. Mon collègue passera en jugement, comme il le mérite, comme tout citoyen qui est soupçonné d'avoir commis une faute professionnelle. Connasse. Mais pourquoi vous êtes toute pâle ? Je vous ai juste insultée, c'est tout. Il n'y aurait pas des olives ? J'adore les olives, à l'apéro.

C'est pas du cinéma

[Mission – Afrique]

Le contrôle routier se déroule sans incident sous le soleil saharien. Mon béret bleu cobalt y emplit à la perfection ses deux rôles, à savoir a) élément d'identification d'un observateur de l'Union européenne, b) couvercle d'autocuiseur.

Il est grand temps de trouver de l'ombre, et d'en profiter pour résoudre ma petite énigme. J'ai remarqué, à mon arrivée sur site, une case au bord de la route adornée d'un panneau Syndicat national des routiers. Pourquoi ce syndicat a-t-il un bureau juste ici, tout près de la casemate en bois des policiers ?

Je m'y rends, j'y suis presque, quand les policiers m'invitent du geste à entrer dans leur local. Volontiers, collègues ! J'entre. Depuis le toit de tôle piqué de rouille, des murs de mauvaises planches gluants de suie descendent jusqu'à un tapis effiloché raide de crasse. Dans un coin, une théière tarabiscotée sifflote sur des braises.

— Tu veux du thé, chef ?

J'ai une seconde de réflexion devant moi. *Je ne sais pas depuis combien de temps leur mixture bout / les amibes ne disparaissent qu'après dix minutes dans l'eau bouillante / oui mais c'est offert de bon cœur / eux en boivent / fais pas ta chochotte.*

— Du thé ? Volontiers, merci !

Le gars attrape un verre fiché dans le sol de sable, l'emplit de thé trouble et fumant puis en boit une lampée. Puis me le tend.

J'ai pas d'excuse en magasin / *dignity forever / diplomatie en action / ne pas vexer les gens*, donc je me mets en mode Steve McQueen. Dans cette fameuse scène du film *Papillon*, le lépreux, la trogne ravagée par l'horrible maladie, fume un cigare et le tend à Steve, lui propose d'en tirer une bouffée. Une bouffée d'un cigare dégorgeant de la salive d'un lépreux. Et Steve embouche le cigare, et fume, et emporte le respect du type.

J'attrape le verre graisseux de traces de doigts. Je bois le thé. Thé qui, forcément, ne déroge pas à la tradition bédouine : il est dégueulasse. Ils tiennent à m'offrir un petit paquet de thé sous cellophane, que j'accepte de bon gré. C'est donc d'un pas Steve McQueenien que je les quitte, et me dirige vers la case du syndicat des routiers.

Je toque, j'entre. Trois locaux, l'un en djellaba blanche, les deux autres en jean et t-shirt. Ils me proposent un thé mais là, « Non merci, je sors d'en prendre chez les policiers et vous savez, avec mon pauvre estomac fragile de Blanc, ah ah ! ».

L'ambiance étant détendue, moins d'une minute plus tard je pose ma question :

— Alors vous, le Syndicat des routiers, vous êtes là pour quoi, en fait ?

Leur silence est immédiat. Il dure. Il fait sombre, ici. Je reste près de la porte sans clenche que j'ai tirée pour entrer, donc qui s'ouvre vers l'extérieur. Au cas où, il me suffirait de la pousser. Le silence s'allonge.

Il était une fois dans l'Ouest : Charles Bronson est seul face aux tueurs et après un trop long silence, l'harmonica bien trop lent d'Ennio Morricone te met les nerfs en vrille.

Dans la case une mouche vrombit, énervante. Pour bien marquer mon intérêt, j'avance le menton et place mes mains sur mes hanches. Donc ma main droite pas loin de mon étui d'arme. Par le fait.

La mouche s'est arrêtée de zonzonner, elle a dû se poser. Je sais qu'il n'y a pas d'harmonica. Mais je l'entends.

— En fait, chef, c'est simple : les chauffeurs routiers, quand ils arrivent au barrage là dehors, nous, on est là pour les aider, tu vois.

— Ben non, je vois pas…

— Ben si, pour les aider, leur faciliter le passage. C'est en cas de problème avec la police, on est les syndicalistes routiers, alors on intervient et on règle le problème.

— Ah, très bien… Mais juste pour être sûr que j'ai bien compris, imaginons : un camion arrive au barrage des policiers, et le chauffeur a un problème avec eux. Vous faites quoi, précisément ?

L'harmonica se meurt, tandis que quatre notes au loin prennent lentement sa place ; un vieux film, avec Brando, le titre va me revenir. Trois fois un groupe de quatre notes, au violon je crois ; un thème en douze notes, en boucle.

Le plus vieux, celui en djellaba, se lance :

— Ben voilà, le camion il arrive, et puis on entend que le chauffeur s'embrouille avec la police alors on va le voir, et puis on vérifie qu'il a bien adhéré au syndicat. Et alors s'il a la carte, bon, on s'arrange avec les agents. Et s'il a pas la carte il nous l'achète, et alors nous, on règle son problème pareillement.

— Je comprends. Et si le chauffeur ne veut pas cotiser au syndicat ?

Les trois types entrouvrent la bouche, écartent les lèvres.

Les douze notes claires montent, douces, sereines depuis le sol de lourde latérite. Ils me montrent leurs dents. La musique emplit la case de silence. Ils sourient.

C'est leur réponse. Ils sourient.

Je souris. Ils sourient.
Je sors.
Ça me revient. Le film avec Brando.
Musique de Nino Rota.
Le Parrain.

Les jours avec, les jours sans

Mon équipage est appelé par radio, pour transporter un gardé à vue depuis un poste de police jusqu'à l'hôpital.

Bon. Mission pourrie, mais ça fait partie du job. Il y a des jours, comme ça.

Le transport, la prise en charge hospitalière, très bien. Jusqu'au respect du dialogue obligé flic-méchant, tout bien aussi :

— Oh chef, vous pouvez me desserrer les menottes ?

— Non.

— Pourquoi ?

— Parce que non.

— Ça va, soyez humain, un peu !

— Quand tu as frappé le buraliste avec la crosse de ton flingue, tu as été humain ?

— Vas-y, bâtard !

Tout bien.

Mais au bout de deux heures (deux heures !), il faut bien ramener le type, avec le certificat de non-hospitalisation, le sésame qui te permet d'affirmer officiellement à la Justice, à tes supérieurs, à la Terre entière que le zozo a passé sa garde à vue dans une geôle de la République comme il le mérite, sans contre-indication médicale comme il aimerait tant le mériter.

Le docteur au comptoir administratif :

— Non. Pas de délivrance du certificat sans un numéro de procédure pénale.

Moi :

— Pardon ?

Lui :

— Il me faut le numéro de procédure, sinon je ne vous le délivre pas.

Bon. Première fois en trente ans de carrière. Ne pas s'énerver. Se souvenir du but de ma présence ici. Obtenir le certificat. Calme. Appel par radio à la salle de commandement, puis l'opérateur appelle par téléphone le quart judiciaire, il obtient le numéro, et me le transmet.

— Voilà le numéro, docteur. Je peux avoir le certificat ?

— Pas encore. Il me faut le nom de l'officier de police judiciaire responsable de l'enquête, et son adresse e-mail pour que je puisse m'assurer…

— Docteur. Je vous remercie pour votre aide. Les gars, on prend le blaireau sous le bras et on se casse. Salut.

Juste parce que ras-le-bol. Pour la première fois de ma carrière il va manquer par ma faute une pièce officielle dans un dossier judiciaire. Je vais me faire pourrir par l'officier, et je m'en tape. Et je vais me faire allumer. Aucun regret.

Retour au service. Je remets le type dans sa geôle, et je me présente devant le capitaine pour le compte rendu oral avant la rédaction de notre PV. Jamais vu cet officier de ma vie. Pour une prise de contact, ça va être épique. J'explique. L'absence de certificat, on se casse, fait chier, tout le truc. J'attends la suite. Il lève un sourcil. Je ne cille pas. Il comprend que je suis sérieux. Il prend une large inspiration et :

— Pour une fois qu'il y en a un qui les envoie bouler ! Tu as bien fait, je les connais, que des têtes de nœud dans ce service ! Bien joué et tiens, tu inscriras sur ton PV que c'est moi qui t'en ai donné l'ordre.

Il y a des jours, comme ça.

Coups de vice versa

La mêlée, sous toutes les latitudes, est un combat, rugueux, où tous les coups irréguliers sont interdits. Un coup irrégulier étant un coup pour lequel tu t'es fait choper. C'est valable aussi en championnat amateur police.

La morsure d'oreille, le coup de poing dans la tronche (en mêlée, se dit la « marmite ») demeurent des classiques indémodables, tout est bon dans le cochon. Mais faire en sorte que l'autre soit puni par l'arbitre reste un plaisir de gourmet qu'on n'obtient qu'à force de longue pratique et de vice consommé.

Notre Antoine est un prince dans le domaine. Ses talents d'OPJ affecté aux Mineurs le servent férocement dès qu'il se met en short. Il a préparé ses attaques toute la semaine, a téléphoné à de mystérieux correspondants, décortiqué des dossiers, consulté des bases de données connues de lui seul mais le fait est là : ce buffle en short connaît les points faibles d'en face, et en joue.

1 mètre 90, 111 kilos, un bovidé sournois dont la force n'est pas que dans les cuisseaux. Sous la mêlée, au bon moment il aura la phrase qui tue, la

réflexion blessante qui fera se lever l'adversaire, et donc le fera sanctionner. Son observation journalière des innocents aux mains pleines jurant sur ce qu'ils ont de plus précieux au monde que non, décidément non, ils n'ont pas agressé l'épicier, le sert bougrement crampons aux pieds.

Sa bouille travaillée de bon nounours outragé par l'accusation inique du joueur d'en face régale toujours nos rares spectateurs. L'autre est chaque fois considéré comme affabulateur, accusateur sans preuve, l'arbitre au minimum siffle alors l'avantage pour nous, voire, dans les cas les plus graves, expulse son opposant.

Nombre de ses coups de vice figurent au panthéon de nos troisièmes mi-temps. Sortir en pleine poussée du pack, à un commandant de la police judiciaire qu'il n'a jamais vu et dont la sœur est mariée à un coopérant expatrié au Rwanda : « Alors, Évelyne, elle suce toujours des gorilles ? » ça surprend, pour le moins. Le commandant s'est relevé hurlant et poings brandis, faisant s'écrouler la mêlée : l'arbitre a sifflé, et l'a viré.

Et l'exemple des gorilles reste un des plus charmants, un des plus romantiques, je ne m'attarderai pas sur ses capacités poétiques dès qu'il s'agit de mettre un adversaire hors de lui. Ah, bien sûr, ni la morale ni la finesse d'expression n'y trouvent leur compte. Mais faire expulser un joueur du camp d'en face dans les règles et ainsi se battre dorénavant à quinze contre quatorze rapproche bougrement de la victoire. De plus, c'est un championnat régional police, en ce sens ça vaut largement la Ligue de rugby des avocats, que d'ailleurs nous rencontrons régulièrement et qui nous en remontrent sans forcer : laissons donc la morale aux professionnels de la chose, connaissons les règles et tournons-les à notre avantage.

Au bureau, il montrera le film de l'agression de l'épicier aux voyous cogneurs parfaitement identifiables, après que ceux-ci se seront bien enferrés dans leurs mensonges, qu'ils les auront signés sur PV, jamais avant. Leur grimace à cet instant le récompense toujours de ses longs, machiavéliques et tortueux efforts. Antoine a ce qu'on appelle du métier, et le sublime en véritable vice ici, sous la mêlée. Au boulot, c'est un bahut breton joueur d'échecs, ici, c'est Méphisto en short.

Aujourd'hui Antoine pousse, hurle, épaule contre épaule avec son binôme de toujours, le grand Mourad, du bureau des Accidents. La mêlée reste immobile, les forces opposées et égales s'annulant. En face, du lourd, du costaud, du paquet de muscles et de gras qui n'a pas l'intention de bouger. Son opposant direct est du même tonneau, une espèce de géant blond filasse à la tronche grêlée et aux épaules de fort des halles. Un brigadier affecté aux Stup' dans sa ville, d'après ce qu'on en sait, précédé d'une réputation de tueur des stades.

La mêlée se relève, sans que la responsabilité incombe à quiconque.

Les deux lignes se jaugent à nouveau, les torses s'abaissent et à nouveau les avants poussent, poussent à décoller la pelouse. Gonfle[31] remise dans le paquet.

Antoine souffle, met toute son énergie dans la rage de défoncer la ligne d'en face. Mourad l'accompagne en véritable loco des terrains, mais la formidable paire pousse un mur, un ramassis de costauds inaltérables et décidés, rien ne bouge.

J'entends vaguement un murmure émanant du fouillis d'épaules, et le scénario se renouvelle : la mêlée se relève.

Mais notre Antoine a instauré un nouvel aléa : il agrippe son adversaire, le gars des Stup', par le col du maillot, et l'approche en force du coffre qui lui tient lieu de poitrine. De son bras libre il désigne son pote Mourad et, matamore retrouvant pour l'occasion son accent marseillais, couvre les tribunes et le terrain d'un fracassant :

— C'est peut-être un bougnoule, mais c'est le nôôôôtre !

Terrible, il envoie son poing démolisseur dans la face du blond.

Expulsé, immédiatement.

Cela dit, le colosse des Stup', la paume sur son arcade, de tout son protège-dents bleu ne sourirait-il point ?

---

31. Le ballon ovale.

Première à gauche

Anne, dix-neuf ans à tout casser, notre mignonne ADS[32], filtre les arrivées à la porte. Elle ne sait pas exactement quel est mon rôle dans le commissariat – autre que le grand major mince à cheveux poivre-et-sel du troisième étage –, mais elle me laisse passer.

C'est l'heure trépidante où se massent les citoyens impatients qu'elle devra orienter au mieux et, pas de chance, un couple rajoute au désordre en lui parlant vite et fort en italien, que visiblement elle ne comprend pas.

Or, j'ai été détaché plusieurs années à Rome, où j'ai appris la langue de mon mieux. Ces touristes voudraient se rendre à la basilique ; je leur donne le renseignement en version originale, *Grazie mille*, et fais trois pas vers l'ascenseur.

J'entends dans mon dos un homme poser, en anglais cette fois, la même question à la poupée en bleu, qui ne la comprend pas plus. Pour me présenter aux sélections des missions à l'étranger, il m'avait fallu potasser mon anglais, bien rouillé depuis le lycée. De fait, malgré trente-six ans de carrière je ne peux toujours pas lire

32. Adjoint de sécurité, nos emplois-jeunes, pas encore policiers et souvent affectés à des missions peu excitantes. En l'espèce, une mission ingrate mais indispensable.

Dante ou Shakespeare dans le texte, mais indiquer un trajet, ça va, je peux.

Je me retourne, je réitère mon laïus, *Thank you very much*, et je repars vers mon bureau quand je remarque l'effarement d'Anne à mon endroit.

— Oui ?

Elle, ses grands yeux verts écarquillés de premier degré :

— Major, vous parlez ? Euh non, pardon, c'est que… Je passe le concours de gardien de la paix dans un mois mais ils m'ont rien dit… On doit parler combien de langues ?

Je l'ai rassurée, en français bien sûr, mais je rigolais trop : elle n'a pas compris non plus.

Zyva

[Mission – Afrique]

Quatre heures lourdes du matin, en transit à l'aéroport d'Alger. Je quitte mon avion en bâillant et, après un détour par une file ensommeillée devant un guichet engourdi, le policier tamponne ma carte d'embarquement puis me dit de faire demi-tour pour retourner d'où je viens. Fort bien, j'y retourne.

Seulement voilà, après une minute de marche, si je fais trente mètres de plus je vais me retrouver dans l'avion que j'ai quitté tout à l'heure. L'absurdité me fatigue un peu plus.

Il me crache sa question dans le dos :

— Hé m'sieur, tchu vas où là ?

L'accent des cités. Nos aventures à nous flics en tenue, au pays des dealers en casquette-survêt-baskets, leur uniforme à eux.

J'ai subi trop d'insultes au milieu de trop de tours, trop couru tonfa en main dans ces coursives aux néons cassés d'Évry, Mulhouse, Roubaix, Bordeaux, Marseille, Étampes ou Aubervilliers. Et me voilà seul, sans équipiers, sans Code pénal, sans radio, sans arme.

J'ai copieusement passé la cinquantaine, je suis épuisé, isolé dans un corridor mal éclairé de jaunasse et ce type jeune, vif, derrière moi, qui recommence :

— Hé tchu m'entends ? Où tchu vas là ?

J'inspire, lâche ma valisette, empoigne mon trousseau de clés dans ma poche. Je me retourne.

Type N-A[33] / 20-22 ans / 1 m 65 / yeux bleu clair / corpulence mince / grosse montre dorée poignet gauche / cicatrice 1 cm pommette gauche. Il a l'uniforme de ses pairs, casquette comprise. Il est armé.

— J'essaie de trouver l'accès pour le vol de Paris.

— Alors ça va ! Tu tournes à droite juste la porte là et c'est bon. Bon voyage M'sieur !

Serviable, vigilant, poli, uniforme repassé, chaussures cirées : un modèle, le petit flic.

---

33. En langage radio, type nord-africain.

Mascara

[Mission – Afrique]

Le préfet de cette immense région est une rareté dans ce pays : un homme cultivé, intègre et efficace. Il connaît ses dossiers, n'essaie pas de nous soutirer plus de matériel qu'il n'en a réellement besoin, j'ai vérifié que les donations précédentes de l'Union européenne n'ont été ni détournées ni revendues, franchement, une exception de fin fond de Sahel qui te fait aimer ta mission.

Très élégant, on ne saurait pourtant le qualifier de tiré à quatre épingles : il nous reçoit en djellaba. Mais je peux comparer : en uniforme, quand une tempête de sable m'oblige parfois à m'enrouler un chèche bleu autour de la tête, je ressemble au mieux à une corbeille de linge renversée. Or, ce grand type très sec porte son chèche blanc avec le juste négligé d'un chiffon haute couture, au-dessus de vêtements traditionnels amples et multicolores avec une prestance, un port de tête, une allure de prince touareg.

Après les salutations protocolaires, qu'il a la politesse de raccourcir par égard pour ses hôtes européens, nous étudions les dossiers en cours. Au bout d'une heure de travail, il décrète une pause, et tient à nous faire visiter son jardin. Son jardin, ici ?

Un vrai jardin d'agrément, dans la cour de sa résidence, un petit joyau vert savamment irrigué de rus glougloutants. Des oiseaux vermillon, petits et très vifs, pépient sur toutes les branches, les 30 degrés à l'ombre nous soulagent des 48 degrés ordinaires alentour. Notre hôte, affable et précis, nous donne les noms de toutes les plantes, tous les oiseaux, jusqu'aux pierres qui bordent le bassin. Nous le suivons jusqu'à une caisse en bois d'environ un mètre cube, agrémentée de deux portes en façade.

Il ouvre les deux portes, je m'accroupis. Une de ces fines petites gazelles bondissantes, aux yeux si grands qu'on les dirait bordés de maquillage noir, une femelle dorca toute de bonds, de vitesse, de zigzags et d'énergie folle est enchaînée par une patte arrière dans la caisse. Le préfet nous l'expose avec un sourire de collectionneur épanoui. La minuscule antilope se colle à la paroi du fond, tremble des sabots au museau. Ses si grands yeux ronds, calots noir effroi, ne me lâchent pas. Il fait si froid. Je pose une question, comment j'ai fait ? Le préfet me répond, je n'entends rien. Je le remercie, il referme sa boîte à bijou. Jusqu'au bout de la course de la porte, la bête effarée me fixe, défèque de terreur sur sa pauvre litière.

Comme tout le monde je félicite le préfet pour cette oasis des *Mille et Une Nuits*, préfet qui sans malice reçoit le compliment avec la modestie qui convient. Nous reprenons le travail, il faut bien, l'Europe ne nous paye pas pour visiter des jardins de délices, ni pour offenser nos partenaires locaux.

Et le soir venu, tu prépares le programme de ta journée du lendemain, tu organises ta documentation, tu t'avances dans la rédaction du rapport de mission, tu retardes le moment mais il faut bien t'allonger, dormir. Sous cet œil noir au plafond, qui te regarde.

Nous tout seul

Nous, Major Serge REYNAUD, [...]
Nous trouvons à tel endroit, et y constatons que

Je suis tout seul, et je dis Nous. Étrange usage dont tout policier se passerait volontiers, tous nos procès-verbaux sont encombrés de ce Nous vieillot, malcommode, pompeux et, pour toutes ces raisons j'imagine, absolument indispensable.

De plus, je ne l'écris qu'une fois, pour me présenter, tout en haut de la feuille. Il est supposé écrit à chaque début de phrase, ce qui peut donner : « Menottons l'interpellé ».

Il faut lire « Nous menottons », car le Nous est sous-entendu mais il est bien là, et comprendre évidemment « Je menotte », puisque c'est un Nous de majesté.

Je ne sais si je me fais bien comprendre : c'est un jeu à nous, ce Nous n'est qu'une forme de Je.

Des formulations un peu étranges en découlent, du type : « Nous rendons sans désemparer à l'adresse citée ».

Il y a le premier Nous. Celui qui figure en haut de la feuille, qui est donc ici sous-entendu, vous ne le voyez pas, suivez, un peu. Ce premier Nous (sous-entendu, donc) est suivi du Nous que vous voyez, qui commence ma phrase écrite. Ce qui nous donne une fois traduit : « Nous nous rendons sans désemparer à… »

En fait, personne ne désemparant plus dans le français actuel, je veux signifier que « Je me rends immédiatement à… » mais j'écris, par habitude ayant force de tradition, « Nous rendons sans désemparer à… ».

Ma seule hypothèse concernant le maintien de cet anachronisme stylistique est que si nous écrivions normalement, les citoyens qui nous paient nous comprendraient et ça, c'est hors de question.

Or, ce matin, nous sommes rendu devant un immeuble où avions été appelé, pour y constater quelques manquements à la sécurité. C'est affreux, dit comme ça, mais c'est ainsi : je me suis rendu devant un immeuble. Et voilà ce que ça a donné, en style PV :

À 08 h 15, sommes rendu devant l'immeuble, où sommes accueilli par la propriétaire. Y pénétrons.

Nous sommes relu, et bien pouvons te dire que sommes allé nous cacher.

Femme de flic

Par-dessus la fragrance des feuilles mortes, se mêlant à l'humus automnal, l'odeur sure, vaguement pourrissante s'insinue sournoise dans ses narines, bien que les champignons en cachent la première attaque sous leur senteur rousse. Mais elle est là qui insiste, surnage, colle aux sinus, au cortex, réveille des peurs là enfouies depuis la préhistoire et que lui a à connaître et il n'en veut pas, de toute son âme il n'en veut pas. Alors il ne la sent pas, pas encore, pas tout de suite, s'il te plaît.

Elle est là, lovée, glissante, entre les troncs et les mousses elle monte aux frondaisons mêlées des diverses essences, se cogne langoureusement au-dessous des feuilles pour mollement rebondir vers le sol, vers ses narines, râper sa gorge maintenant.

— Ça ne peut pas être ça.

Il renifle, les ailes de son nez en frémissent.

— C'est sans doute une charogne, c'est pas grave, on marche, ça va passer.

Quelle drôle de voix. Il la regarde, s'excuse presque. C'est impossible, pas ici ; il est en repos, ici c'est dimanche, il se promène avec Clémentine dans les bois, ils ont laissé le petit chez les beaux-parents alors ils se promènent en amoureux toute une journée rien qu'à eux alors l'odeur n'est pas là, elle n'existe pas, voilà.

C'est le premier indice, toujours. L'odeur. Il s'est arrêté maintenant, pour s'en mettre plein les naseaux, pour être sûr, vraiment, mais il l'était déjà. C'est elle, c'est l'odeur, l'indice infâme et liquoreux dans la bouche, amer, puant, le premier qu'on rencontre, avant même d'ouvrir la porte.

Il s'est déjà trompé, pourtant, une fois. Ce n'étaient que deux steaks oubliés sur un comptoir de cuisine américaine, par la jeune étudiante qui était simplement partie en vacances chez ses parents. Les pompiers avaient cassé la porte pour rien, les collègues du commissariat s'étaient foutus de sa gueule pendant une semaine. Il ne se trompe pas. Cette fois, elle est là.

— Il faut que j'aille voir, juste pour être sûr. Vraiment. Je reviens tout de suite.

Elle sait. Alors elle le laisse y aller, de toute manière elle n'y pourrait rien. Elle sera là, c'est tout.

Il a écarté les buissons du bout de son bâton de marche, a écrasé quelques branches mortes, a très peu hésité, c'est par là. Plus il avance, plus l'odeur le soûle, l'écœure mais c'est là, il n'y peut rien.

Il y a quatre ans, c'était pareil, quand son pote Thierry avait trouvé la dame lors de la battue. C'était ce qu'il avait raconté à tout le monde, après. Il l'avait dit : quatre, cinq secondes avant de la voir, il savait, à l'odeur. Ils l'avaient tous vue, après coup, tous avaient senti l'effroyable odeur, l'inconcevable, l'inoubliable. La vision était restée, mais l'odeur, l'odeur surtout les avait tous englués. Thierry, lui, avait fini par vomir, sans que ça le soulage.

Aujourd'hui, il est seul. Les trois secondes sont devant lui, derrière le rideau de branches, vers la clairière qu'il devine toute proche, dans le cône invisible qu'il fouille du regard à mesure qu'il avance, gêné par les racines et les broussailles, l'odeur est là, impossible de confondre, impossible de faire semblant de n'avoir rien senti et de s'enfuir, impossible.

Clémentine suit, à dix mètres. Il avance nez, truffe au vent. Il n'y a pas de vent. L'odeur, pourrie, sucrée, merdeuse et douce, il l'a dans les sinus, elle force, elle pousse jusqu'à sa trachée, elle y est. Trois secondes, lui a dit Thierry, ç'a duré trois secondes et lui ne veut pas ; il y va quand même, parce qu'on n'y peut rien, c'est comme ça, c'est le boulot, il faut y aller et non, pas les trois secondes nom de Dieu, pauvre Thierry comme il a dû en baver, ça lui avait pourri son année. Trois secondes, et une année.

Il repousse une branche au niveau de son thorax, la tord dans le sens de la marche, la relâche en coup de fouet, il est seul avec l'odeur, Clémentine est derrière, loin, elle suit, elle sera là.

Les clics de la trotteuse résonneraient dans sa tête si seulement il était dans un film noir – il adore les films noirs – mais pas de cliquetis, pas de cloches, pas de jingle annonciateur ou de musique en vagues graves accompagnant l'angoisse du cinéphile, rien, rien que son souffle qui doit puer autant à l'entrée qu'à la sortie de ses poumons maintenant tellement l'odeur y est, tellement les trois secondes ont commencé, elles se finiront là, derrière l'ultime rideau vert clair, dans la petite clairière.

Elle est morte. Depuis un jour ou deux. Blessée au flanc par un tir, un seul orifice, sans doute une carabine, à lunette pourquoi pas. Ils sont équipés, maintenant. Elle a dû courir, se vider peu à peu de son sang et mourir, là.

« Les biches meurent aussi », ça ferait un bon titre, pour un polar. « Cons de chasseurs », aussi.

Il a posé ses genoux près de la tête de la bête, gueule ouverte sur sa langue sortie. Les vers doivent déjà y être. Elle pue.

Il lève les yeux vers Clémentine, qui s'est approchée.

Elle lui prend les mains, ses mains souillées d'avoir caressé la tête d'une charogne, le relève. Il aimerait bien dire « Je suis désolé ma chérie j'étais sûr, j'étais sûr… ».

Il se tait. Dans le fumet pourri de la viande gluante quittant à regret les os durs, Clémentine l'enlace. Il met son nez dans son cou. Une minute encore, elle lui tend un mouchoir. Il se mouche dedans, deux fois, inspire un grand coup. Ça pue encore plus, et ça va mieux.

Elle lui prend la main, et puis elle s'en va, vers le chemin qu'ils ont quitté tout à l'heure. Elle écarte les branches, il suit. Elle est là.

Comment tu préjuges wesh

Notre patrouille de trois plantée autour du poteau central, nous bringuebalons de conserve avec les passagers du métro. Deux gamins de 12-13 ans, typés banlieue, assis sur une banquette se disputent une sorte de tablette en braillant des « Vas-y, laisse-moi voir l'écran, entchulé ! » et autres « T'es relou, j'te gagne, laisse-moi regarder, j'te nique ! »

Les regards des passagers sur nous se font insistants. Non. Les minots profèrent des insultes, mais c'est leur façon de se parler toute la journée. D'accord, ils sont habillés comme des taulards en fuite, mais le mauvais goût n'est pas non plus un motif de contrôle d'identité. Donc non, bonnes gens, pas d'intervention de notre part.

En ai-je envie ? Mais tellement ! Le rap et les jeux vidéo pour bagage intellectuel, l'absence de vocabulaire comme fierté, les survêtements acrylique comme élégance, tout m'y pousse mais ceci est jugement personnel, sans valeur pour une action de police. Donc je laisse couler, après tout c'est un pays libre : libre aux neuneus de jouir de leur présent de décérébrés, qui résume leur avenir.

Notre station arrive. Nous quittons la voiture et, ma main encore sur la poignée de la porte, le plus virulent lance à son pote :

– Zarma, regarde comme t'es mort en trois coups la vie de ma mère : cavalier en E7, échec !

Je suis venu, j'ai vu, j'ai couru

Après l'école de police, au bout de quelques jours d'intégration dans sa première unité, Fabien commence à se sentir à l'aise. Ce matin avec sa section, à 8 heures, un footing est au programme, dans cet hiver alsacien qu'il découvre aussi : dix ou quinze kilomètres, au choix. Mais il est sorti hier soir, il est rentré bien tard, alors il bâille. Et puis il dit à Manu :

— C'est le troisième footing cette semaine, en plus il fait moins trente-douze, ce matin je ferais bien l'impasse, moi. Y a pas de gradé : je vais me mettre au chaud dans un coin, je vais vous attendre.

Heureusement qu'il a dit ça d'un ton détaché, pas grognon, ou revendicatif. Parce que son collègue, l'ancien là, Jean-Gi, il n'aurait peut-être pas été si badin. Ç'a juste fait, accent très alsacien inclus :

— Jeune, dis-moi, tu as de la famille ? Des sœurs, un paternel ? Ils font quoi dans la vie ?

— Euh, mon père travaille comme manutentionnaire chez…

— Manutentionnaire, OK. Quand tu passeras le voir, tu lui raconteras tes gros malheurs dans ton nouveau métier de fonctionnaire : « Tu sais Papa, tous les matins, je dois aller m'entraîner le long d'un canal, sur mon temps de travail, tu imagines ? Je suis payé pour entretenir ma condition physique alors que des fois, il fait froid. » Tu nous diras ce qu'il en pense, ton père manutentionnaire.

Courage fuyons

En pas trois semaines, Laurent a fait son trou à l'unité. C'est un procédurier moyen mais il a une bonne condition physique, il sait prendre le temps de réfléchir, il sait interpeller, négocier, il s'adapte aux situations sans broncher. Il sera vite aspiré par une BAC[34], minimum. Je suis son chef direct donc ça m'embête, je vais encore perdre un bon élément. Son chef d'équipe vient de me le confirmer, Laurent, c'est du lourd :

— Serge, tu es au courant, pour l'huissier qui s'est fait poignarder dans son étude hier soir ? On était les premiers intervenants, on est entrés, Laurent et moi, on a vu le gars sur le tapis, le sang partout, on a passé l'appel radio, on s'est organisés avec l'autre équipage Police Secours, les pompiers sont intervenus, mais y avait plus rien à faire, le gars était canné. La commissaire est arrivée sur site et bon, normal, elle a pris le commandement. Laurent a été impec, je te jure, moi j'aurais pas osé. Elle lui a dit d'aller récupérer au sol la sacoche du gars, manière d'établir son identité. Le Laurent : « Madame, c'est une scène

34. Brigade anti-criminalité.

de crime, il vaudrait mieux ne toucher à rien, non ? — Ça ira, je vous donne l'ordre, vous êtes couvert, donnez-moi cette sacoche. — Patronne, je préférerais pas. La PJ va se pointer, vous savez comment ils sont avec les constatations… — Arrêtez d'avoir peur de votre ombre, bon sang ! »

« Elle a traversé le bureau, elle a ouvert la sacoche du gars, elle a sorti le portefeuille, y a trouvé une carte professionnelle, elle a appelé le DDSP[35] au téléphone, puis elle a transmis à la radio les renseignements d'identité de la victime. Laurent qui se fait traiter de pétochard, je t'assure, il était livide. Pas cinq minutes plus tard, le patron de la PJ est arrivé et s'est adressé à sa collègue : « Vous avez l'identité de la victime ? — Oui, on a trouvé sa carte professionnelle dans sa sacoche. »

« Et là, Laurent nous a bluffés : discrètement, il nous a fait signe de sortir. Le gars de la PJ commençait à hausser le ton : « Dans sa sacoche ? Qui a manipulé sa sacoche ? »

« On se carapatait doucement, la patronne a senti que ça commençait à sentir le cramé : « C'est moi, il me fallait son nom pour informer mon direc.. » Et là, le mec a hurlé : « Tu as modifié une scène de crime ? Mais d'où tu sors, espèce de… »

« Je peux pas te dire le reste, on était sur le palier

35. Directeur départemental de la sécurité publique : patron de tous les services de police sur le département, à l'exception de ceux dépendant directement d'une direction nationale, comme (à l'époque) la Police judiciaire, la PJ.

et Laurent avait déjà refermé la porte ; on a descendu deux étages et on s'est fait oublier jusqu'à la fin d'intervention.

« Deux patrons qui s'engueulent ? Pas de témoins, donc pas d'humiliation, donc pas de suites pour nous. La PJ a arrêté le meurtrier ce matin mais c'est pas le plus important : le Laurent, s'il te plaît, fais ce qu'il faut, on doit le garder chez nous.

Poli

[Mission – Europe]

Cette maxime ramasse en quelques mots une méchanceté, une injustice dans le jugement, un art de l'odieux qui m'enchantent. Elle est généralement attribuée à Georges Clemenceau, mais sans certitude : *Pour être diplomate, il ne suffit pas d'être bête, encore faut-il être poli.*

Ça ne t'excite pas, toi, les formules impeccables ? Par exemple, *Chaque fois que j'écoute du Wagner, ça me donne envie d'envahir la Pologne*. J'ai vu le film, j'ai hurlé de rire, c'est de Woody Allen. À cause d'elle je ne peux plus écouter Wagner, mais je suis satisfait : je peux citer l'auteur.

Eh bien celle qui me titille, *Pour être diplomate, il ne suffit pas d'être bête, encore faut-il être poli*, rien à faire, malgré mes recherches je n'arrive pas à l'attribuer avec certitude à mon cher Georges. Cette quête un peu vaine n'a évidemment rien à voir avec une hypothétique dispute m'opposant supposément à un possible haut fonctionnaire des Affaires étrangères depuis une éventuelle semaine.

Poli

Il ferait beau voir que je me laissasse aller à des citations méprisantes, surtout dans la chimérique hypothèse où j'aurais en ce moment un improbable différend avec un, avec un, un type, ah, voilà que ça m'échappe maintenant, est-ce ballot, un monsieur avec un métier, comment dirais-je, en tout cas, poli.

Pallier les omissions

Stéphane nous a lâchés il y a six mois. Soi-disant, il en avait marre d'être commandé par notre abruti de chef de section, et c'était ça ou il quittait la police. Soi-disant. En attendant, il a postulé pour le secrétariat, il a été pris. Et que je te collationne et expédie à qui de droit les arrêts maladie, que je te supervise les constats administratifs d'accident, que je te ponde du bordereau d'envoi : fascinante, ta conversion de gardien de la paix SPI[36] en tamponneur de formulaires. Et tu m'appelles pourquoi, assis à l'arrière du véhicule de commandement ?

— Viens, on sort, je te montre.

On s'éloigne du fourgon, mais je ne vois pas ce qui pourrait nécessiter de la discrétion. J'ai rien à cacher, on est CRS tous les deux mais je suis sur le terrain, moi.

— Regarde, c'est ton PV de ce matin. Je l'ai lu, il y a un truc qui me semble, comment dire, bizarre.

On a poursuivi à pied, sur près d'un kilomètre, un type qui correspondait au signalement d'un braqueur, on a fini par le serrer, c'est carrément une super affaire, qu'est-ce qu'il me veut, lui ?

---

36. Section protection et intervention, plus spécifiquement désignée pour les interventions rapides, techniques, musclées.

— Fais voir, j'ai fait des fautes ? C'est pas un motif d'annulation de procédure !

— Non, c'est pas l'orthographe, mais puisque tu me parles d'annulation… J'ai rendu compte de ton interpellation au boss, c'est une belle affaire, mais je lui ai pas encore transféré ton PV, je lui ai dit que l'OPJ voulait que tu rajoutes une bricole. En fait c'est toi qui vas sans doute vouloir le refaire.

— C'est moi qui corrige les PV de la section, ça m'étonnerait que j'aie commis une erreur ! Fais voir.

Je prends les feuillets qu'il me tend. En déplacement à, habilitation provisoire auprès de, assisté de, de patrouille à, tout est bon. Correspond en tout point au signalement, refuse le contrôle d'identité, s'enfuit à pied en direction de, le rattrapons au 17 rue, le suivons jusqu'au deuxième étage où il pénètre porte de gauche, interpellons à 09 h 18, le 803 du CPP[37] menottons, transportons, présentons à…

— Désolé, je vois pas.

Je lui rends les feuillets, un peu sèchement.

— C'est là.

Il pointe du doigt le moment où Patrick entre en premier derrière le gars dans le squat et l'interpelle. C'est propre, le gars n'est pas blessé, on a arrêté un voleur à main armée et *Oh. Oh non.* Je dois être blanc lavabo. Un squat est un domicile.

37. Article 803 du Code de procédure pénale, qui fixe les conditions légales requises pour procéder à un menottage.

— Tu sais, il y a pas mort d'homme. Tu en parles à l'enquêteur, il a dû te lire trop vite quand tu lui as présenté l'affaire, il aurait dû…

— En fait oui, c'est bon, on l'a pas interpellé dans l'appartement qu'il squattait, mais deux mètres avant, juste avant la porte, sur le palier, maintenant je me souviens.

— C'est bien ce que je pensais. Je te vois pas risquer l'annulation de ton interpellation par le procureur et une remise en liberté immédiate du gars, sans compter ta mise en examen avec tout ton équipage pour violation de domicile par personnes dépositaires de l'autorité publique, bien sûr.

— Oui. Bien sûr. Excuse-moi, il faut que j'y aille, j'ai une urgence.

— Oui oui, vas-y. Oh, au fait, « palier », un seul L.

— Quoi ?

— Regarde, là, c'est grave : tu as mis deux L à « palier ».

Son humour tout pourri, ça s'est pas arrangé. Il revient chez nous quand il veut.

Piston

[Mission – Europe]

— Bonjour monsieur, veuillez vous asseoir. Merci de votre ponctualité.

Convoqué par le premier secrétaire, l'adjoint direct de l'ambassadeur, tu n'arrives pas en retard. De surcroît, je me suis pris la tête avec son prédécesseur il y a quelque temps et ça ne m'a pas porté chance, pas la peine d'aggraver mon cas.

— Comme vous le savez, votre détachement auprès des Affaires étrangères ne sera pas renouvelé.

Délicatesse oratoire de la diplomatie en œuvre. J'ai eu raison contre un diplomate, résultat je suis viré. Mes collègues sur place et ma hiérarchie policière à Paris s'en sont lavé les mains avec une constance dans la fuite qui force le respect ; un grand classique, rien à redire, la vie comme elle vient et toute cette sorte de choses.

— Cela dit, vous savez que je n'étais pas encore affecté ici lors du différend qui a mené à cette malheureuse conclusion. Mon prédécesseur, avec qui vous étiez en désaccord, a fait ce qu'il estimait juste. Je ne saurais le dédire.

Ce très haut fonctionnaire devant moi fut auparavant affecté à Kaboul, à Londres, à New Delhi puis dans une direction prestigieuse au Quai d'Orsay, il est l'auteur de deux traités aux titres pour moi abscons mais qui font référence dans sa partie, ce gars est une épée. Et il convoquerait un gardien de la paix, juste pour lui dire qu'il n'ira pas contre la décision de son devancier ?

Ladite décision, traduite en français compréhensible se résumait à : « Virez-moi ce gueux. » Alors, déjà, je prends le temps de décrypter le message. « Je ne saurais le dédire » : la litote est leur langue de travail, une enclume devrait donc me tomber dessus depuis les hauts plafonds à caissons du XVIe siècle.

— Toutefois, étant et votre supérieur et responsable de la sécurité de l'ambassade, j'ai étudié ce dossier, et j'ai eu l'occasion de vous voir travailler. Vous êtes discret, bosseur, et après que votre contrat a été cassé, vous n'avez pas changé d'attitude. Vous continuez à travailler, malgré le ressentiment que vous éprouvez sans aucun doute après cette malheureuse affaire. À mon sens, vous ne travaillez pas pour vos supérieurs directs, pas même pour moi. Vous travaillez pour vous. Vous vous y tenez. Je n'ai rien à y redire.

J'en reste sans réplique, une manière d'exploit de ma part. Toutefois, je n'oublie pas qu'on est chez les diplos. Ce que je considère comme un compliment ne saurait être que flatterie, qui toujours précède en ces murs le coup de cimeterre.

— Donc vous allez rentrer en France plus tôt que prévu, dans votre administration d'origine, la Police nationale. Je ne peux pas changer le passé, mais je peux favoriser votre futur. Dites-moi où vous aimeriez travailler, je m'engage à vous y affecter.

— Hein ?

D'ordinaire, sans forcer, je joue très bien au bourrin. L'interlocuteur ne se méfie plus, tu corresponds au cliché prémâché du bas-du-front en uniforme, sa garde est baissée, ça lui fera d'autant plus mal quand… mais là, pas de stratégie : j'ai l'air éberlué, je le suis. Un supérieur qui voudrait me rendre un service comme ça, pour rien ? Un beau geste ? Du panache ? Et son sourire, pour être esquissé, semble toutefois sincère.

— Le directeur de cabinet du ministre de l'Intérieur est un camarade de promotion. L'affectation d'un gardien de la paix ne devrait pas soulever de problème insurmontable.

Tout ce dont je suis capable est un pauvre :

— J'envisageais euh, de postuler pour Marseille, mais euh, sans plus de, en fait, pour le soleil et euh…

— Marseille ? Faites-moi parvenir au plus tôt les coordonnées du service que vous visez. Je vous aviserai.

Mon cerveau se reconnecte, je comprends que la paraphrase vaut pour : cette conversation est terminée.

Trois jours plus tard, au détour de l'escalier d'honneur, il me croise et :

— Monsieur Reynaud, votre administration va vous appeler dans quelques jours pour vous annoncer que vous êtes affecté à Marseille, dans le service sollicité. Lors de l'appel, ayez l'air surpris, vous m'obligeriez.

Toujours ce sourire.

— Je vous remercie, monsieur. Si je puis me permettre... j'ai réussi toutes les épreuves pour accéder au grade supérieur, je serai nommé très bientôt mais c'est une autre commission qui statue, alors, je me disais... J'ai été tellement surpris par votre comment dire, votre gentillesse, que j'ai oublié de vous préciser ce détail : du coup, je serai affecté à Marseille à mon grade actuel, ou comme brigadier ?

— Monsieur Reynaud, il aurait fallu me le dire, cela n'aurait pas posé de problème. Mais mon appel était un fusil à un seul coup. Vous m'en voyez navré.

Je l'ai remercié encore, du mieux que j'ai pu. Puis, viré, je suis rentré en France. J'ai passé trois jolis mois au soleil de Marseille, puis suis allé prendre mon galon en crachin parisien comme tout le monde. Comme tous ces imbéciles non pistonnés.

Gueux un jour, gueux toujours.

Cougar®

Un Taser, ça n'existe pas. C'est un « pistolet à impulsions électriques », alias PIE. Taser est une marque déposée et évidemment, personne ne dit PIE, tout le monde dit Taser. Car le règlement dit ce qu'il veut, l'usage l'emporte.

Ainsi, tout à l'heure, je voulais savoir si l'équipage avait embarqué un « dispositif lanceur de grenades lacrymogènes », et bien j'ai dit :

— Vous avez un Cougar ?

Réponse tout sourire du chauffeur à savoir Cécile, quarante-quatre ans, bonnet 95 C, divorcée :

— Un Cougar ? Non. Une, oui.

Réfléchir avant de parler

[Mission – Afrique]

L'homme arrive des Pays-Bas, pour participer à notre réunion de travail mêlant partenaires internationaux et hauts gradés policiers locaux :

— Veuillez excuser mon retard, je n'ai pas trouvé de chambre d'hôtel libre dans le centre-ville et…

— Ah bon, les hôtels sont pleins ? En pleine semaine ? Qu'est-ce qui se passe, il y a une foire aux cochons ?

Réplique aussi spontanée que classieuse signée moi-même, dans ce pays à 98 % musulman, en plein ramadan. Foire aux cochons. Enchaînons.

Pas de poursuite

On a constaté son échange marchandise contre billets, il s'est enfui mais on ne l'a pas poursuivi, les enregistrements des échanges radio pourraient en attester. Tandis que l'autre équipage interpellait le client, nous l'avions pris en compte. Car poursuivre signifierait prise de risque de notre part : en cas de pépin, du genre le minot sans casque tombe et se fracasse, on est mal. Les médias adorent. La hiérarchie déteste.

Alors lui, quinze ans peut-être, qui s'est carapaté en deux-roues alors qu'il tenait un point de deal, on ne l'a surtout pas poursuivi. Le chef a annoncé à la radio, calmement, une prise en compte d'un deux-roues, a transmis sa plaque sur les ondes et, sans le poursuivre puisque je te dis qu'on l'a pris en compte – un œil non exercé pourrait confondre mais ça n'a rien à voir, après un kilomètre on a pu le dépasser, on l'a coincé, menotté. On annonce l'interpellation, l'opérateur radio comprend fort bien qu'on peut interpeller un pris en compte sans l'avoir poursuivi, on l'amène au ciat[38].

38. Abréviation de « commissariat », prononcer « ciate ».

Il nous donne son identité, mais ne sait pas à qui appartient le deux-roues, ne sait pas s'il est assuré, c'est un copain de la cité qui le lui a prêté mais il connaît que son prénom, le train-train. Quand Chris lui demande s'il deale depuis longtemps, le gamin se ferme.

— Je dis plus rien, t'entends ? Tu me mets en garde à vue, et je me tais. On a des grands frères, nous, et ils ont des vrais avocats, alors fume : je parle pas, j'ai le droit. Et puis t'es qui pour me poser des questions ? De quel droit tu me parles ? Tu gagnes combien dans ta tenue bleue, à quarante ans ? Me réponds même pas, ce que tu te fais en un mois, c'est ce que je me fais en une semaine, bouffon.

Ne jamais poursuivre, toujours prendre en compte, parce que poursuivre, c'est interdit.

Las las las

Une heure, à la nuit. Marseille, ses drisses cliquettent sur les mâts, le vent doux embaume sa poésie portuaire.

Six jeunes filles court vêtues se préparaient à vivre une soirée de jeunes filles, écouter de la musique assourdissante, rire et fumer trop fort de même, oublier leur semaine. Elles subissent notre contrôle d'identité impromptu, dans ce bar de nuit-discothèque-chicha, sans rechigner. Cette formalité accomplie, je les prie de sortir le temps qu'on finisse le contrôle des autres clients.

Sur le trottoir, elles patientent donc. Vu le quartier, ça ne rate pas : des zigotos à capuche tentent depuis le trottoir opposé une subtile manœuvre d'approche des minettes, délicatesse en forme de « Wouah comme t'es trop bonne toi t'as des beaux seins fais voir ton boule ».

Au bout du dixième gentleman enthousiaste, l'une des mignonnes me demande de bien vouloir les laisser retourner dans la boîte, monsieur le policier, parce que là, on va pas supporter longtemps, vous voyez, et… elle se tourne vers le douzième « Zyva fais pas ta pute file ton 06 » et, ne partageant pas le même couplet mais leur canon respectant le même registre, elle hurle avec ses copines :

— Et va niquer tes morts fils de pute sans couilles ! Comment tu parles à ma sœur, tête de muge pourrie que tu es, pédé de ta race !

Marseille, tes drisses cliquettent sur les mâts, ton vent doux embaume sa poésie portuaire, tes jolies beurettes aux si belles jambes et moi dans mon uniforme, trente ans de carrière dans un mois et las, mais las à un point, mais à un point, si tu savais, ma pauvre.

Idées fosses

[Mission – Europe]

Tristan n'a desserré les dents qu'arrivé à Vienne, pendant l'escale avant notre avion pour Sarajevo.

— J'avais pris mes dispositions, j'avais même une colocation prévue avec un pote gendarme qui est là-bas depuis quatre mois. Ils me l'ont dit hier ! Hier ! Alors qu'on part pour un an, hier ! Ils m'ont changé mon affectation, et devinez pour où ?

Comment deviner ? En mission, c'est la loi du genre : rien n'est jamais sûr. Tristan, on ne le pratique que depuis le stage de prédéploiement pour cette mission de l'Union européenne. Gardien de la paix, expérimenté, bon niveau d'anglais, xénophobe, sportif, bon camarade, pour ce qu'on a pu en juger.

— Devinez ? Ils m'envoient à Srebrenica ! Chez les musulmans, bordel !

Il est vrai que, lorsqu'on nous avait exposé les massacres, celui des musulmans de Srebrenica nous avait tous secoués. Or, les détails les plus atroces n'avaient déclenché pour tout commentaire chez

Tristan qu'un placide « Huit mille de moins, c'est toujours ça de pris ».

Le mieux était de le laisser se purger de sa bile. De fait, de mauvaise grâce, il a fini par obéir.

Après une semaine de formation à Sarajevo, notre groupe s'est séparé, chacun rejoignant un poste différent dans le pays.

J'ai été affecté en zone serbe. Chez les méchants de l'histoire. Les bourreaux. Je m'y suis vite senti chez des gens. Pas des Serbes, des gens. J'y ai côtoyé avec le sourire quelques ordures, des criminels de guerre patentés, mais aussi et surtout, pour l'immense majorité, simplement des humains, Sacha, Olivera, Vesna, Emil. Aussi sympathiques ou aussi cons que des Marie-Anne ou des Kevin. Des gens.

Bringuebalés dans l'Histoire, ils avaient eu leurs Doriot, leurs divisions Das Reich, je le sais, dix ans après cette guerre je les côtoyais au jour le jour. Ils avaient aussi eu leurs Pierre Brossolette, leurs Jean Moulin qui avaient sauvé l'honneur, je le sais, j'avais dîné chez eux.

Après un an, au tout dernier jour notre groupe initial s'est reformé, prêt au départ pour la France. On rentre au pays. Une fin de mission, c'est censé être joyeux. Aucun ne sourit dans la file d'enregistrement à l'aéroport.

Formalités expédiées, nous passons en zone internationale. Nous nous asseyons pour un dernier café en Bosnie-Herzégovine.

L'avion part dans deux heures, on ne va pas se jauger le blanc des yeux pendant deux plombes. Quand un vicomte rencontre un autre vicomte, qu'est-ce qu'ils se racontent ? L'un se confie, qui était en poste à Sarajevo, puis l'autre à Banja Luka, à Bijeljina, Tuzla, Trebinje…

— En avril, j'ai accompagné des enquêteurs de l'ONU dans un champ, dans les faubourgs. Ils ont creusé, leurs infos étaient bonnes : ils ont vite trouvé. Bingo : un charnier.

« J'ai appelé le quartier général à Sarajevo, réponse : « *None of your business.* » J'ai appelé notre ministère à Paris, même chose : « Ça ne vous concerne pas. Vous laissez l'ONU se débrouiller, restez neutre. »

« Restez neutre. Alors que tous mes potes du club de muscu ont eu un père, des frères, des cousins exécutés par les Serbes. Moi, j'ai mangé chez eux, je connais leurs mères, et leurs sœurs. « Ne vous occupez pas de ça. » Bien sûr mon pote, tu vas voir comme je vais rester neutre. Une sœur, en particulier. Bref.

« J'avais les bons contacts, les potes de l'ONU ont fait ce qu'il fallait pour ne pas voir, j'ai amené trois personnes par jour, une par une, sous les tentes blanches. Il fallait qu'ils voient. Les fémurs, les côtes, les crânes, les traces de sang noir sur les pulls déchirés, les balles. Pas longtemps, dix minutes chacun, pas plus. Les analyses ADN vont mettre des mois, ils savent toujours pas si leur père est dans cette fosse-là, emmêlé avec les autres. Si ça se trouve, ma logeuse a vu la mâchoire de son fils, elle sait pas.

« Hier soir, ils m'avaient rien dit, ils ont organisé une fête d'adieu. Il y avait tout le monde, on a bâfré, on a bu, on a rigolé, on a chanté jusqu'à pas d'heure, j'ai fini ivre mort, je sais même pas qui m'a porté jusqu'à mon lit. J'ai une de ces gueules de bois, pas la peine de me parler, je suis pas en état.

On va dire ça, Tristan. On va dire ça.

Une vocation

— Pou, écoute-moi.

Il sait très bien que si je donne un ordre clair à mes gars, ils vont s'y tenir. Si c'est « Interpellez le type en blouson de cuir brun avec l'écharpe jaune », ils me ramèneront, au milieu du chaos et des nuages de lacrymogène, le type en blouson de cuir brun avec l'écharpe jaune. Si c'est un autre, on le relâchera parce que c'est pas le bon.

— Ouais mais Serge, lui aussi il mettait le feu aux poubelles !

— J'ai dit quoi ? Écharpe jaune. Pas d'initiative au MO[39]. On le relâche.

Ça grogne, ça fait la gueule, je m'en fous. T'avais qu'à courir plus vite pour attraper le bon. On relâche.

Ça, c'est avec mes gars, rodés au Maintien de l'ordre. Avec la BAC c'est comment dire ? C'est plus interprétatif, plus fluide, plus volatil. L'opposé du MO.

— Pou, tu m'écoutes ?

On a tous oublié le prénom de ce petit-fils d'immigrés cambodgiens, d'ailleurs imprononçable, et,

39. Maintien de l'ordre.

référence finaude au film *Le Dernier Empereur*, on l'a d'abord appelé du nom du héros, Pou-Yi, puis Yi a disparu et donc, Pou. Ceinture noire de deux arts martiaux tout aussi imprononçables, il a vite trouvé sa place à la BAC.

— Pou, tu m'écoutes. C'est notre premier entraînement commun avec la BAC, tout le monde y met du sien. On est au Maintien de l'ordre. C'est simple à comprendre : le commissaire détermine la mission et la donne à l'officier, l'officier la traduit en ordres, on obéit strictement à ses ordres, nous comme vous. Stric-te-ment. Vous n'en sortez pas. Tes gars et toi, juste pendant une heure de votre vie, vous allez é-cou-ter. Pas d'interprétation, pas d'initiative. O-bé-ir. Pou, c'est reçu ?

— Reçu.

— Mouais.

Il commande huit gars qu'on connaît bien, la plupart sont des potes. On a déjà œuvré ensemble pour des arrestations musclées au milieu de cités pourries, pas de souci, ils savent faire. Le Maintien de l'ordre par contre, c'est pas qu'ils savent pas, c'est qu'ils veulent pas savoir.

— Pou ?

— Oui, j'ai compris. L'officier, les ordres, on obéit, pas de souci.

— Mouais.

Une trentaine d'élèves gardiens de la paix jouent aux émeutiers face à nous. Au signal, ils renversent les poubelles, nous jettent des pavés en bois, des chaussettes emplies de talc, des billes de peinture, nous traitent de tous les noms, pour eux, c'est la récré.

Mes gars font bloc, ceux de Pou s'intercalent entre eux. Je laisse les jeunots en face s'exciter, je choisis le grand sec en jogging bleu et bonnet rasta, je prépare mon ordre, je n'ai pas encore dit un mot que, Pou en tête, les baqueux jaillissent des rangs, alpaguent une élève, la raclent hurlante sur le bitume sur le trajet retour, la menottent. Trois coups de sifflet, j'interromps l'exercice.

— Serge !

Pélo, un des miens, m'appelle depuis les rangs de boucliers.

— Quoi ?!

— Tu te souviens que j'ai postulé pour devenir formateur ?!

— Pélo, c'est pas le moment !

— Si si, c'est le moment ! Tu peux déchirer ma demande !

Une enfance

[Mission – Afrique]

Encore une mendiante. Au moins la cinquième aujourd'hui qui quémande au feu rouge. Je ne peux pas donner à tout le monde, petite, je te donne deux euros en piécettes locales, rien pour moi, une fortune ici, je te les donne à toi et pas aux autres mais disons que tu as eu de la chance. S'il te plaît, ne joins pas les mains pour me remercier comme vous faites toujours, ça me fout la honte.

Oui, voilà, parle en zerma à mes passagères, deux policières en civil, parle petite, même si on dirait bien que le ton monte. Le feu passe au vert, je démarre mais mes copines continuent à se parler. Oh Haoua, Hadjara, parlez français, j'y comprends rien !

— Ah oui, c'est vrai : elle a menti ! Elle voulait nous faire croire qu'elle a treize ans, c'est pas vrai, je connais bien son ethnie, je dirais plutôt onze !

— Oui, elle a pas treize ans elle a onze ans maximum, ici tu sais pas, c'est la loi, Serge, c'est interdit avant douze ans !

— Mais enfin, de quoi vous me parlez ?

— Tu as pas vu ? Elle est enceinte.

Mon fils ma bataille

Je me suis posé la question à son entrée dans la salle de repos : au fait, pourquoi on l'appelle Jean-Jean ? Un Jean suffirait, c'est son seul prénom officiel. Pourquoi, à un moment, son prénom a-t-il doublé ?

Maintenant que j'y pense, personne parmi nous n'a dû assister au déclenchement, à l'anecdote ayant généré le truc. Tous autant qu'on est, une vingtaine officier compris, nous sommes arrivés après lui à la BAC. Jean-Jean, c'est vingt-sept ans de police dont vingt et un de BAC, celle-ci et pas une autre. C'est notre ancien à nous, d'où évidemment les allusions récurrentes et forcément très fines, distinguées, à son grand âge. Son cadeau d'anniversaire de l'an dernier, offert de bon cœur par tout le monde : un déambulateur de grand-mamie, sur lequel on avait fixé un gyrophare. Classieux, Grand Siècle, tout ce qu'il aime : on s'est fait traiter de tous les noms, un régal.

Cela dit, pourquoi Jean-Jean ? Il faudra que je le lui demande. Ou que je trouve une vanne bien sale, à lui sortir au bon moment. Tiens, il a une pommette un peu bleue. Sans doute une de ses graines de champion.

— Jean-Jean ? Ben alors, tu t'en es mangé une ? La vieillesse, c'est terrible, on voit plus arriver les coups. Tu devrais arrêter, c'est un signe, ça.

Il poursuit sa routine. Déballe son repas, l'enfourne dans le micro-ondes, revient à table.

— Non, c'est pas un de mes gars. Enfin si, si on veut. C'est mon con de fils.

On sent tous qu'il y a du lourd. Jean-Jean tient, en plus du boulot, un club de boxe. Au nom de sa femme, le club, mais c'est lui qui fait tout, depuis laver par terre jusqu'à la comptabilité, en passant par donner des cours de full-contact. La passion de son voisin de table, c'est le cinéma et les jeux vidéo. Lui, c'est le full, depuis trente ans. Une des raisons pour lesquelles on le chambre souvent : se faire traiter de vieux bourrin, c'est parfois une marque de respect, par chez nous.

D'autant qu'avec le Jean-Jean, on sait. S'il faut courir après des méchants, pas la peine : il ne court pas. Il trottine mais la galopade, c'est pas son truc. Mais si on va au charbon, on se sent tout de suite mieux s'il est là, avec nous, dans l'équipe. Plus que quinquagénaire, notre croulant, mais quelques vilains de notre charmante cité pourraient témoigner, côtes fêlées à l'appui, de son efficacité bleu ecchymose.

Donc, sa repartie à propos de son fils qui lui aurait… Non.

Il a récupéré sa gamelle, plonge sa cuillère dans la mixture toute de graines germées et lait de soja, et commence son repas. Son fils lui aurait collé un… ? On en oublie de moquer son infâme tambouille.

— Oui, mon crétin de fils, Théo. Il a dix-neuf ans, tu te rends compte ? Ça fait au moins un an qu'il s'est inscrit dans un autre club. Il ne venait plus trop souvent au mien, et puis un jour il est parti. Mais je peux comprendre, boxer dans le club de son père, ça peut être, je sais pas, embarrassant. Alors bon, j'avais trop rien dit, ça met un peu les boules de voir partir son fiston quand c'est toi qui l'as formé mais c'est comme ça : de temps en temps, il faut changer d'entraîneur. En plus, il était bon, sauf des jambes, ça péchait un peu, les jambes, il a les jambes un peu courtes alors il se retient… bref. Du moment que ça lui plaît, content pas content, pour finir tu m'as compris : papa content.

« Ça fait déjà deux-trois ans qu'il peut me sécher en boxe anglaise, attention ! Je gagnerais pas un combat réglo avec lui, mais en combat libre, là où tu peux avoir du vice, je le tiens bien. Tu penses, lui il a une condition d'enfer, mais moi, j'ai le métier, les coups de pute.

Pas besoin pour lui de nous décrire les « coups de pute », comme il dit. On en a tous fait les frais en salle d'entraînement et l'expression, pour paraître vulgaire, n'en est pas moins un euphémisme. Tu devines son crochet gauche partir direction ta tempe, tu esquives vite vite, et tu te retrouves au sol les mains sur tes génitoires à remercier ta coquille de protection d'avoir tenu le choc. J'ai testé, ça réveille.

— Alors hier soir, ça faisait longtemps, il est venu s'entraîner avec nous. J'ai donné mon cours, et puis j'ai laissé les petits s'inviter entre eux sur le tatami, en combat souple. Tu te choisis un adversaire, et tu révises ce que tu viens d'apprendre mais dans le mouvement, sans cogner. Ils portent les protections parce que c'est obligatoire, mais ils frappent pas pour faire mal : ils bossent les gestes, pas la frappe.

Mais qu'est-ce qu'il a, aujourd'hui ? D'habitude, ses anecdotes, c'est beaucoup plus ramassé. Outre qu'il est plutôt taiseux, s'il raconte une de ses bagarres, c'est forcément court : il n'y a pas matière à développer. « Le gars s'est débattu au menottage. Il a voulu me donner un coup de coude dans le nez. À moi, tu imagines ?! Alors bon, j'y ai mis une gauche, que veux-tu. C'est sûr qu'après, un mec tout mou KO en tas sur son paillasson, c'est beaucoup plus simple à pincer[40]. »

Aujourd'hui, il fait dans le Balzac, le Jean-Jean. L'introduction n'en finit plus. Mais qui a bien pu lui coller un pain ? Son fils ? Théo, le petit Théo ?

— De temps en temps, il y en a un qui m'invite, pour faire son malin. Pour faire le beau devant les petites, souvent. Il y en a trois au club, en ce moment, jolies en plus, et des vraies teignes. Bref.

« Hier, un grand sec, tout en jambes, m'invite. Bon. On se vérifie les protections, et puis on se met sur la courge. Je le laisse jouer trente secondes avec ses

40. Les pinces : les menottes. Pincer : menotter.

grandes cannes, je le sèche, les filles se foutent de lui, je le relève, j'explique à tout le monde ce que je viens de faire, tout bien. Et là, mon con de Théo joint les poings, se penche vers moi… Mon fiston qui m'invite ! Un an qu'il est pas venu, et il veut jouer ! Je t'ai dit, les poings chez lui, c'est bon, mais les jambes, les kicks, les fouettés, c'est pas qu'il soit mauvais, mais il aime pas trop. Du coup il se retient, ou alors c'est téléphoné, donc on voit venir, on esquive, on entre dans la garde, on frappe une fois, et puis une deuxième, et une troisième… Il sait que c'est sa faute, ça l'énerve, plus tu t'énerves moins tu es lucide donc plus tu t'en prends, et tu finis au tas.

Oh, mais on ne l'arrête plus, ce midi ! J'ai déjà passé des vacations complètes avec lui dans l'équipage où, en sept heures, il prononce cinq phrases. Et là, une pipelette ! La brigade entière écoute, fourchette levée. Raconte, papy, fais pas ta star !

— Pendant une grosse minute, je le chauffe, il me passe un ou deux crochets, bien vu, je le remets à distance avec mes jambes, ça déroule bien. Et puis je vois une ouverture et bon, je vais pas y passer la nuit non plus, donc je lui colle un direct pleine face, pas fort, sec.

« Pas fort, sec ! » Je l'ai déjà entendue, celle-là : « Mais Lieutenant, il a voulu frapper sa copine, devant nous, pour qu'elle arrête de nous raconter comment il l'avait tabassée ! Devant moi, il veut la cogner !

Fatalement, je lui en ai collé une mais pas fort, sec. Et l'autre chochotte qui s'évanouit, et c'est ma faute si ça saigne autant, une arcade ? »

À mon avis, la tronche du Théo a dû résonner un peu fort dans le casque, sous l'affectueuse pas-fort-sec torgnole de son papa. Un pet d'éléphant dans la cathédrale de Chartres.

— Alors je le touche, mais il s'énerve pas, comme il faisait avant. C'est un signe, j'aurais dû me méfier. Il m'a tourné autour, j'ai attendu l'ouverture et je lui en ai collé une deuxième, un peu plus sèche, c'est un peu moi le patron, si tu veux.

Jean-Jean se tait. Il ne veut pas faire un effet, il revit l'instant. On dirait bien qu'il veut être bien sûr de tous ses mots avant de les sortir. Mais tu vas la finir, ton histoire, oui ?

— Je l'ai touché, sa tête est partie vers l'arrière mais elle n'est pas revenue. Le cou non plus, ni les épaules. Pendant un tiers de seconde, je l'ai plus vu. Tu sais pas ce qu'il m'a fait, cet enfant de salaud ? Il a basculé vers l'arrière mais exprès ! Il a pris mon direct, mais en l'accompagnant. Il s'est plié vers l'arrière, et il est retombé tout près de ses pieds, en fait. Il a fait le poirier si tu veux, mais en mouvement. Il a posé ses poings au sol, bras tendus, et il a tourné en écartant bien les jambes : en gros, il s'est posé sur les mains, et il a fait l'hélicoptère avec ses cannes. C'est les minots qui m'ont raconté, moi j'ai pas vu grand-chose : je file un direct, mon adversaire je le vois plus, et dans la foulée je prends un pain de compétition, un fouetté avec son tibia, j'ai rien vu arriver ! Mon casque s'est barré, je suis allé valdinguer dans le coin, juste le temps de me relever et mon abruti de fils me tendait son gant en se marrant. En rigolant ! À moi, son père !

Niki, la secrétaire, est entrée dans la salle et fait chuinter le photocopieur au fond. Pas une vanne finaude sur les enfants indignes, l'âge qui vient, rien. Le sifflement du chariot de la photocopieuse, Niki qui ramasse ses feuillets et les tape sur le coin de la machine pour en faire des liasses bien rectangulaires, rien d'autre.

Ç'a dû le secouer, ça. Cinquante ans et quelques, et le fiston qui le met au tapis.

— Y a pas à tortiller, ce petit merdeux m'a foutu une rouste.

Il étrangle sa cuillère dans sa pogne, la repose trop fort sur la table. Il se tâte la pommette et, d'une voix un rien cassée :

— Comme je suis fier !

RIF

Un cligno, un feu orange ? Une peccadille. Je ne me rappelle plus pourquoi on l'avait sifflé. Il s'est garé, on enclenche la routine du contrôle, on appelle l'opérateur radio, qui passe le conducteur au fichier au cas où et paf, le gars fait l'objet d'une fiche. Pas une fiche J comme Judiciaire ou S comme Sûreté de l'État, une fiche RIF[41]. La recherche dans l'intérêt des familles, c'est jamais bien grave, mais c'est la première de ma carrière. Le radio nous explique un peu mais pas assez, on va éclaircir ça.

— Monsieur, vous faites l'objet d'une recherche administrative. On peut savoir…

— Non ! Pas question ! J'ai le DROIT, vous m'entendez ? Qu'ils me foutent la paix !

Sa fiancée le recherche, depuis près de huit ans. Ou plutôt son ex-fiancée. Ils devaient se marier une semaine plus tard. Et il a rencontré une autre femme. Ils sont tombés amoureux, comme ça, en une nuit. La veille du mariage, le traiteur payé, la robe cousue, il est parti. Comme ça. Il a tout laissé, ses fringues, sa télé, son appartement, tout. Il a

41. La procédure RIF a été abrogée en 2013.

laissé un mot, il est parti. Cette vie-là, ce n'était plus lui. Il est parti avec sa belle, aussi fou, aussi simple que ça : adieu.

Notre chef de patrouille, tout comme nous, l'écoute, se penche de plus en plus vers l'habitacle. Il fait cliqueter sa bague sur la voiture du gars, à l'endroit où la vitre s'enfonce dans la portière, et nous sommes tellement captivés par le conducteur que ce bruit, pourtant irritant au possible, nous indiffère. Tout larguer ? Tout ?

— Je la connais, cette fiche. Mes parents voudraient me retrouver. Mon ex-fiancée aussi. Je ne veux pas. Si l'un d'entre eux sait, tout le monde saura, et Je. Ne. Veux. Pas. C'est une autre vie, elle est finie. Et surtout j'en ai le DROIT, le droit absolu, je ne commets aucun délit, je fais ce que je veux dans mon pays. L'État ne peut leur transmettre qu'une seule information, quand on me repère comme maintenant avec vous, c'est que je suis vivant et ne veux pas être localisé par ma famille. Mais même ça, je ne veux pas. Vous comprenez ? Je ne VEUX pas. Ma famille est un ramassis d'abrutis, mon ex-fiancée m'indiffère, je ne… Ce serait bien si vous pouviez… vous comprenez ?

On comprend. D'ailleurs on ne rédigera aucun rapport, c'est bien la preuve qu'on ne l'a jamais vu, ce monsieur.

— Dis donc, chef, c'était pas ton alliance qui cliquait contre sa portière ?

— Quoi ?

— Ton alliance. Qui tapait sur sa portière. Tu aurais pas comme…

— Non.

— T'es sûr ?

— Au boulot

La générosité, c'est un métier

[Mission – Afrique]

Après avoir établi l'état des lieux, Javier et moi avons évalué puis chiffré les besoins, et enfin rempli les dossiers de donation, l'autre nom de l'enfer bureaucratique. Boromir, le pote bulgare du bureau Finances, nous a fait tout recommencer, deux fois, pour que ça cadre avec la sacro-sainte réglementation européenne. Je peux enfin annoncer à Moustapha, un officier de police parmi mes partenaires locaux :

— J'ai tes meubles ! Tout, les armoires, les chaises, les climatiseurs, la papeterie, les ordinateurs, tout !

— C'est une bonne nouvelle, monsieur Serge ! Tu les donnes à qui ?

— Comment ça, je les donne à qui ? Mais à toi, à ton service !

Au ton de sa voix, je comprends que j'ai touché un nerf.

— Tu sais, tu devrais vérifier avec tes patrons de l'Europe mais bon, je suis pas sûr de les voir un jour.

J'ai vérifié. Boromir m'a expliqué. C'est du lourd.

L'Europe a signé un accord-cadre avec la présidence du pays, auquel je ne peux déroger : toute donation doit s'effectuer au niveau ministériel. Ce qui signifie que seul un ministre ou son cabinet est habilité à recevoir les aides de l'Europe. Et donc ?

Et donc ici, dans ce pays officiellement classé parmi les trois plus pauvres du monde, quand un officiel a des chaises, des motos, des photocopieuses ou des stylos à distribuer, il a du pouvoir. Il garde une partie de la dotation pour lui, il distribue le reste à ses chefs et à ses obligés, ses alliés, sa famille, son clan. Le destinataire réel ? Aucune importance. D'ailleurs, tous nos collègues locaux trouvent ça normal.

Policier français, cela me désoblige. Javier, mon équipier de la Guardia civil espagnole, tout autant. Mais lui a déjà travaillé en Afrique :

— Serge, je peux te proposer un truc, mais c'est limite. On fait ça à deux, si on ne dit rien à personne, ça devrait passer. Mais on peut se faire méchamment engueuler. À toi de voir.

C'est tout vu.

Comme à chaque donation d'importance, la Mission européenne organise une cérémonie dans sa cour d'honneur. Un colonel, du cabinet du ministre de l'Intérieur, est là qui remercie au micro l'Union européenne pour sa générosité, la Mission pour son implication journalière qui, au service de la coopération dont, etc.

Mes bureaux, chaises, ordinateurs et colonnes de climatisation, qui occupent un tiers du total, figureront bien sur la photo officielle derrière le colonel, encadré par Javier et moi en tenue de cérémonie. Cérémonie qui se termine : les officiels quittent la cour pour se rendre au cocktail, servi dans le bâtiment de l'état-major.

— Serge, Javier, vous vous joignez à nous ?

— Oui Marc, on règle une bricole, on arrive.

Je jurerais que notre supérieur nous a regardés d'un drôle d'air, sous son béret bleu.

Tout le monde est parti ? C'est parti. Javier ouvre les portes du fond, Moustapha et ses hommes, montés sur quatre pick-up, déboulent, je leur désigne les caisses à charger, il signe, je signe, en trois minutes c'est plié, ils repartent comme des voleurs, on ferme les portes.

Un coup de brosse sur nos uniformes de parade, et direction le cocktail. Où Marc, en grande conversation avec un diplomate roumain, nous guigne du coin de l'œil. Officier supérieur de la Gendarmerie française, bon camarade, militaire jusqu'au bout des bottines, il nous a déjà prouvé qu'il ne faut pas le prendre pour un perdreau de l'année. Ça va être serré.

En fin de cocktail, le colonel, de retour dans la cour, se tourne vers Javier et moi.

Il en manque !

Nous deux, tableau vivant intitulé *Une innocence pour deux uniformes* :

— Il en manque, dites-vous ?

— Oui, à droite là, il y avait des meubles, là ! Où sont-ils ? Ils ont disparu !

— Ah, ceux-là ?

Notre boss, Marc, est juste derrière nous.

— Mon colonel, nous connaissons vos problèmes de logistique, nous avons donc pris l'initiative de les livrer à leurs destinataires, ainsi vous n'aurez pas à vous en préoccuper, et…

— Vous devez délivrer les donations au ministre ou à moi-même, à moi seul ! À moi !

— C'est fait, mon colonel, livré à vous seul. Vous avez signé le bon de réception, et au vu des excellentes relations que l'Union européenne entretient avec votre ministère, nous avons étendu notre prestation jusqu'à la livraison finale. Vos subordonnés nous ont remerciés, ils ont d'ailleurs particulièrement apprécié votre diligence, ainsi que…

Il a compris. Il fait signe à son chauffeur et, la nuque raide sous le képi, il quitte les lieux.

Maintenant, Javier et moi-même devrions nous retourner vers Marc. Dont acte.

Grand jour que ce jour-là : la seule fois dans toute notre carrière où on s'est fait incendier par un supérieur qui se marre.

Vivement la quille

J'ai retrouvé un pote perdu de vue, Pierre, avec qui j'avais commencé ma carrière trente-cinq ans plus tôt. Ledit pote a récemment assisté à une réunion d'anciens, des jeunes gens de ce temps-là. Il en a rapporté des photos. Et lui, tu te souviens ? Et lui ? Et celui-ci ?

La vache ! Ils ont pris du gras, des rides, du flasque, une tuerie. À part deux-trois qui se sont bien maintenus, c'est un massacre. Que des vieux.

— Tu viendras à la réunion de l'an prochain ?

Discerner dans les verres des lunettes sombres d'un retraité bedonnant mon reflet las sous mes cheveux blancs, évoquer à l'imparfait un passé fantasmé, mort autant que je l'ai vécu ? Tel que tu me vois, là, j'hésite.

Vol de nuit

[Mission – Afrique]

En rébellion armée contre le pouvoir central, ici les Touaregs ont flingué des militaires, des policiers, des gendarmes. Sans y mettre de cruauté particulière mais c'était la guerre, donc sans pitié. Dix ans plus tard, amnistie et traité de paix signés, ces guerriers durs au mal et renommés dans tout le Sahel y vivent en entrepreneurs : contre dédommagement, ils nous transportent, nous policiers et gendarmes européens, dans tout le pays y compris dans les zones les plus dangereuses du moment. Où d'ailleurs, tout le monde sachant qui nous escorte, aucun méchant d'aucune sorte ne nous a jamais titillés.

Aujourd'hui, après trois heures de 4 × 4 bringuebalantes sur des routes déglinguées au milieu du désert, c'est l'heure du bivouac. Quatre litres d'eau au fond d'un seau, c'est la douche. Un arbre au loin sur le sable, voilà les toilettes. Un réseau serré de cordes plastique tressées sur un cadre en ferraille et hop, ton lit. Œuvrant d'ordinaire dans nos chères et remuantes banlieues, je savoure tout, la mission, le mal de dos, le méchoui, la sueur, absolument tout. Allez, sous la lune, au dodo.

Je m'éveille aux aurores. Le crâne empli de lourd coton mou, je me déplie sur mon lit trop dur, pose sur mon épaule mon ceinturon avec mon arme et, pour y récupérer ma trousse de toilette, me traîne dans mes godillots jusqu'à mon 4 × 4. Un type enturbanné s'y trouve déjà, qui en siphonne le carburant.

Le gars, tranquille, a glissé un bout de tuyau d'arrosage dans le réservoir, l'autre bout dans un bidon, une aspiration et hop, glouglou le sans-plomb. C'est tout moi, ça : 5 heures du matin au milieu du Sahara, en caleçon dans mes chaussures de trek délacées, paf, je tombe sur un voleur d'essence. Appel aux renforts, bagarre, clé de bras, menottes, beau programme certes, mais j'ai mal à la tête, là, alors je m'accorde trois secondes. Tant mieux.

Déjà, je ne suis plus sur mon terrain habituel. Je n'ai pas affaire à un hargneux en survêtement synthétique et casquette à l'envers, mais à un placide Touareg quinquagénaire en costume traditionnel. Et puis aussi, les yeux du gars dans la fente du chèche me disent quelque chose. Hier, mon chauffeur a conduit tête nue et tout de même, ces yeux-là…

Ensuite, à bien y réfléchir, quand on vole de l'essence, on pose le bidon au sol, donc pas comme ici sur le plateau du pick-up.

Le gars a installé un tuyau entre un réservoir et un bidon, c'est un fait. Cela dit, il a aspiré l'essence depuis le bidon plein, posé en hauteur, pour l'envoyer dans le réservoir vide, plus bas. Quel enquêteur surdoué je suis : le voleur, c'est mon chauffeur qui fait le plein.

Je me frappe le front de la paume et, hilare, lui explique que j'ai vraiment été à deux doigts de l'arrêter. Il abaisse lentement son chèche sous son menton :

— Toi, m'arrêter ?

Qui ne sait pas le fou rire du Touareg ne sait pas, en slip dans ses godasses entre deux bouses de dromadaire, la solitude.

De la réserve

Je parcours le journal local, où un énième reportage traitant des soldes estivaux donne la parole à cinq vendeurs de fringues qui tartinent leurs éternels : on est assommés de charges, les gens ne dépensent plus, c'est la crise, scie tellement serinée que je n'en ois plus les paroles depuis bien longtemps.

Suivent les témoignages de huit restaurateurs, qui chantent avec conviction leur refrain saisonnier : les touristes ne dépensent plus, bla, c'est la crise, bla, c'était mieux avant, blabla, on est noyés sous les charges, blablabla.

Le même article depuis cinquante ans, aucune raison de changer une formule qui… mais je le connais, ce patron de resto râleur ! Oh, et puis lui aussi, dis donc !

Sur les huit restos cités, j'en ai contrôlé cinq ces deux dernières années. Sur ces cinq, deux ont écopé de sanctions pour emploi illégal, deux pour infractions caractérisées à l'hygiène.

Mon respect pointilleux et permanent de la règle du secret professionnel fait que je ne te donnerai pas les adresses de ces artisans sans tache, persécutés sans raison aucune par une administration tatillonne.

Quant à mon devoir de réserve – qui m'oblige à ne jamais me départir d'une neutralité de rigueur, loue-le : il t'épargne de lire ici ce que je pense de ces têtes de nœud.

Darwin Avenue

Nous sortons du commissariat sur l'avenue la plus bouchée, la plus mal embouchée de Marseille. J'exagère, la Canebière n'est tout de même pas célèbre que pour ses embarras de circulation. On y a aussi tué un roi de Yougoslavie et un ministre français des Affaires étrangères dans leur calèche, en 1934. Mais je suis sûr qu'elle est aussi connue pour autre chose. Laisse-moi le temps, ça va me revenir.

Nous escortons aujourd'hui deux dames fonctionnaires des services de l'Hygiène, pour une opération de contrôle de snacks (voilà, les célèbres snacks douteux de la Canebière[42], ça m'est revenu).

L'artère déborde de voitures emplies de chauffeurs très pressés, très mal engagés dans le carrefour, et de piétons qui ont décidé de passer au meilleur moment : quoi qu'il arrive, maintenant. Une maman en particulier, spectaculaire en robe à jupons multicolores, encombrée d'un bébé dans un sac ventral, un autre braillant dans une poussette, et d'un gamin survolté vrombissant dans ses jupes. La présence de trois flics en uniforme étant moins qu'anecdotique, elle a décidé

42. Pas tous, mais disons que pour en avoir contrôlé beaucoup, je savais à l'époque le sens du mot « exception ».

de traverser à son tour, sûre de son bon droit, au vert au rouge elle s'en fout, quand elle veut.

Elle manque de se faire renverser par un taxi dont le chauffeur l'envoie se faire voir. Il n'a pas dit voir, en fait. Il a utilisé un terme moins évasif, impliquant une douleur copieuse autant que non désirée.

Tel un éperon de cuirassé sa poussette en avant, son bébé sous les seins elle agresse le nœud de circulation tandis que son fiston, en poupe, la suit comme il peut, et il peut peu. Un utilitaire de location lui refuse la priorité, qu'elle prend quand même. Le conducteur lui hurle d'aller se faire, même chose, mais il arrive après le taxi, ça a moins de force : elle continue.

Son petit lui colle au train mais, maladroit, il laisse tomber un cahier sur la chaussée. Il s'arrête une demi-seconde, le ramasse, se redresse pour se retrouver nez à nez avec une calandre de 4 × 4, qui crisse très fort et pile tout juste. Un coup d'avertisseur à assommer un buffle résume le souhait du chauffeur à son endroit, celui de sa mère et le reste de la famille. Le petit lui aussi identifie sinon le verbe sous-entendu, en tout cas l'idée générale, et en criant sa pétoche rejoint sa mère, slalome trop petit donc invisible, fragile au milieu des parechocs revêches.

Mon collègue Cyril, placide :

— À mon avis elle en a trop, elle essaye de se débarrasser du plus moche.

Les dames de l'Hygiène, estomaquées, en oublient de nous suivre sur le passage piétons. Je crains que l'humour flicard ne soit par trop rêche, pour une première rencontre.

Chef d'intervention donc prêt à arrondir les angles, je me retourne vers elles : en fait, si elles oublient de traverser, c'est qu'elles sont pliées de rire.

Il va bien se passer, ce contrôle.

Deutsche Qualität

[Mission -Afrique]

Nous tous parlons anglais, mais notre mission ici en Afrique est officiellement francophone. De fait Hans, trilingue mais règlement-règlement, a tenu à nous faire cours en français. Un officier allemand délivre donc en français une formation à huit policiers belges, luxembourgeois et français. Gonflé, le gars.

Leurs profs de langues étrangères en Allemagne doivent être bien meilleurs que, au hasard, ceux que j'ai fréquentés en France car, s'il ne peut dissimuler son accent tudesque, il se révèle un excellent locuteur.

Malheureusement, très vite son ordinateur cafouille, les diapos à l'écran se fondent les unes dans les autres, défilent à toute vitesse, une catastrophe. Il nous prie de patienter et s'assied. Clavier, souris, concentration, clique que je te clique partout et en moins d'une minute, ça marche. Je n'en reviens pas :

— Hans, comment tu as fait ça ?

— Je sais pas, et je m'en fous.

— Sorry ? Euh, pardon ?

— J'ai dit : « Je sais pas et je m'en fous. »

— J'avais bien compris. Alors tu peux arrêter avec ton accent pourri : tu t'es trahi, tu es français !

Il faut bien manger

Au travail, dans la Police nationale donc, j'ai souvent moqué ces petites lâchetés, ces compromissions qu'on veut croire minuscules, ces petitesses que d'aucuns estiment nécessaires à la progression de leur carrière.

Cyrano de Bergerac, mon héros tout d'un bloc, abomine ces négociations intimes avec l'honneur, ces petits renoncements pas si graves et qu'on aimerait oublier. Mais écoutons plutôt son ennemi, le duc de Guiche, devant la belle Roxane en deuil, écoutons-le évoquer sa condition de puissant qui a su composer, su s'octroyer de ces faiblesses qu'on veut croire vénielles pour enfin – but d'une vie, enfin arriver au sommet :

Voyez-vous, lorsqu'on a trop réussi sa vie,
On sent – n'ayant rien fait, mon Dieu, de vraiment mal !
Mille petits dégoûts de soi, dont le total
Ne fait pas un remords, mais une gêne obscure…

Cependant, si la police a son lot de pathétiques complots de couloir, de perfidies et autres piètres bassesses, elle n'en a pas le monopole.

Depuis quelque temps, je joue à l'auteur. Je suis donc invité dans des salons, colloques et festivals. Savourons un de ces instantanés qu'on attrape au vol en ces édens de culture.

De nombreuses tables sont disposées comme au hasard dans la grande salle du château, le public de professionnels doit s'y placer à sa convenance pour le dîner qui vient. Nous sommes une bonne trentaine d'auteurs (scénaristes, dessinateurs, écrivains, etc.), une quinzaine d'acteurs ciné et télé dont certains fort connus, une dizaine de chanteurs et musiciens, quelques élus locaux et l'équipe au complet du grand festival qui nous offre ce raout. Le patron du département fiction d'une grande chaîne télé du service public est là, parmi les invités. Il n'a pas quarante ans, et finance des projets sur lesquels il parie à coups de millions d'euros : une indéniable pointure dans sa partie.

La bande informelle avec qui j'ai entamé la soirée s'assied à la première table venue en continuant la discussion enjouée commencée à l'apéritif. Mais un vieux de la vieille, auteur de BD reconnu, me fait un signe : regarde par là.

Je regarde. La parade avait commencé, je n'en avais rien vu.

Tous ces artistes si épris de liberté chérie, de création émancipatrice, de textes et de rôles meeeeerveilleux, avec sur la face cet air soigneusement blasé des habitués de la chose, tous confits dans leur mépris convenu des beaufs tournent autour du fameux directeur de la fiction. Ce dernier finit par s'asseoir à une table proche.

Une jeune actrice est là (pas de noms sur les ondes[43]), cheveux blonds au carré, robe charleston blanche, gorge ivoire et lèvres rosées qui se jette sur le siège à côté du producteur, devançant de justesse un quinquagénaire à catogan fort marri de la manœuvre de la donzelle. Le siège est occupé, son siège commence.

Tout en elle est titillant, jusqu'à son rire quand, le projetant aux lustres, elle sort d'un déhanchement ses jambes de sous la table pour des fouettés de mollets les soulignant plus encore, découvrant innocemment une fraction de culotte blanche à déchirer sur des moiteurs supputées, ses seins ronds gigotent ferme sous le décolleté ; la prestation comme la pouliche : magnifiques.

Pendant deux heures, le ballet autour du producteur a perduré. Ses commensaux lui ont parlé trop fort en buvant force bouteilles, l'objet de toutes les attentions a savouré leurs salamalecs jusqu'à sa sortie de scène, seul, sans la blonde à son bras – sans doute n'avait-il plus si faim.

La saynète pourrait-elle être qualifiée de répugnante ? Pas du tout. Elle est humaine, elle est banale. Le jeu de la séduction ordinaire pour se hausser dans la hiérarchie, quelle qu'elle soit. Cette fille, ces gens

43. Expression consacrée prononcée à la radio : on ne donne jamais en clair un nom de policier sur nos ondes, on ne sait jamais qui pourrait l'entendre. Ladite expression est sortie depuis longtemps du registre radio pour intégrer nos conversations et signifie : « Je ne vous dirai pas le nom de la personne que j'évoque. »

étaient au travail, ils ont joué leur jeu ; peut-être même tout en jouant s'écœuraient-ils un peu, pour l'oublier bien vite.

Et devant Roxane pleurant le beau Christian mort depuis quatorze années, de Guiche poursuit :

Et les manteaux de duc traînent dans leur fourrure,
Pendant que des grandeurs on monte les degrés,
Un bruit d'illusions sèches et de regrets,
Comme, quand vous montez lentement vers ces portes,
Votre robe de deuil traîne des feuilles mortes.

Au prochain salon, moi aussi j'aurai un livre, un scénario, une chanson à placer, un truc à vendre à celui qui a le pognon. Je m'assiérai à la bonne table.

J'aurai dans mes tympans cependant, l'illusion
D'un vent chuintant et sombre éloignant la cohorte
Des remords, des principes et des hésitations ;
Je les entends déjà, les fichues feuilles mortes

Ce que femme veut

[Mission – Afrique]

L'équipement mis à notre disposition par la Mission européenne est souvent correct, parfois non. On fait avec : on est en mission en Afrique, on ne fait pas les difficiles. Nous disposons par exemple de deux 4 × 4 pour six, et ces véhicules font par chance partie de la catégorie « Rien à redire ».

Ils sont du même modèle, de la même couleur, rien ne les différencie à l'exception des deux derniers chiffres des plaques d'immatriculation. Tous les soirs lors du repas commun, à six nous nous répartissons pour le lendemain le n° 8569 et le n° 8570, ça évite pour l'instant l'inévitable « Mais quel est le con qui a pris ma bagnole ? ».

Ce soir, Aline, capitaine de la PJ, quarante-six ans, deux enfants, seule femme du groupe, est en retard au repas. On a entendu sa douche couler, elle ne devrait pas tarder. On commence sans elle.

— Alors moi, demain, j'ai besoin d'un 4 × 4 vers 10 heures, j'ai un rendez-vous au ministère des télécommunications, je devrais revenir vers 12 h 30. Je prends le 69 ou le 70, c'est indifférent.

— Moi, je dois voir un gars du cabinet du ministre de l'Intérieur à 14 heures, je prendrai ton 4 × 4 à ton retour. Ça laisse le deuxième libre pour qui en aurait besoin.

Aline arrive, en short et t-shirt, les cheveux emballés dans une grande serviette.

— Moi, demain à 15 heures, j'ai un rendez-vous avec un type des Affaires étrangères, et je préfère le 69.

Le plus ahuri des silences masculins s'installe net, préliminaire au fou rire général.

— Ben quoi ? J'ai dit que je préfère le 69, il y a rien de… Oh non, j'ai pas dit ça ?

Oh si elle l'a dit, et elle a pas fini de l'entendre.

Oui, on sait qui tu es

Cette fois, deux femmes à l'avant du véhicule, une jeune une vieille, sans ceinture.

J'assure sa sécurité, mon collègue Guillaume assume la responsabilité du contrôle. Il n'a pas le temps de parler : la conductrice, jeune, grande toute de longs muscles ébène, sort en furie de sa voiture, et lui balance un :

— C'est parce qu'on est des Noires, c'est ça, vous pouvez pas supporter que des négresses soient dans une voiture, hein ? Mais moi je ramène ma grand-mère chez elle, je suis noire et j'ai le droit, laissez-nous partir !

La carte du racisme, OK. Seule touche d'originalité, c'est d'entrée de jeu. D'habitude, ça vient plus tard, quand on met l'amende malgré toutes les excuses pourries tentées par le conducteur. Guillaume :

— Madame, les deux occupantes du véhicule n'avaient pas leur ceinture. C'est obligatoire, et c'est punissable d'une amende forfaitaire. Je vais donc…

— NON MAIS VOUS SAVEZ QUI JE SUIS ?

La carte « Je connais du monde », un classique de même. Cela dit, c'est vrai que sa tête, sa haute silhouette élancée, j'ai déjà vu cette fille à la télé, ou en couverture de magazine. La quelconque est quelqu'un.

— Non.

— Je suis connue, moi ! Laissez-moi repartir tout de suite ! Ma grand-mère va faire un malaise, ce sera votre faute !

La carte « Santé fragile », plus rare mais bien amenée. Carte dont on se fout tout autant que les précédentes mais surtout ça y est, je la reconnais : une athlète, une Française championne du sprint, véritable vedette internationale des stades. Et mon Guillaume qui reste de marbre. Elle m'ennuie, il m'épate.

Car Guillaume, c'est pas le genre à tergiverser. Pas bien haut mais taillé comme un coffre-fort, s'il en a la solidité, il en a aussi le vocabulaire. Collègue sympathique, compétent, très à l'aise avec la violence, moins avec les joutes verbales policées. J'ai déjà assisté à quelques torgnoles de sa part, elles décoiffent plus que ses arguments.

— Je suis Marie-Va R***, moi ! Mais moi je remplis les stades sur mon nom, et vous allez me mettre vos petites amendes, à moi ?! Vous savez combien je me fais de pognon par meeting ?

— Non. Conductrice et passagère sans ceinture, deux amendes forfaitaires. Vous avez votre permis ?

— Bien sûr que j'ai mon permis ! Vous me prenez pour qui ? Une pauvre négresse trop conne pour passer un permis de conduire ?

— Vous avez votre permis sur vous ? C'est ma question.

— Non, je l'ai pas sur moi !

— Non-présentation du permis de conduire, c'est une autre infraction. Veuillez me présenter assurance, carte grise, pièce d'identité.

Pendant tout le contrôle, elle nous a traités avec une morgue tellement outrée qu'on a laissé courir : cela relevait du psychiatrique. Un petit quart d'heure plus tard, Guillaume l'a raccompagnée à sa voiture.

— Madame, je sais qui vous êtes. Je suis sportif amateur, plutôt bon, et avant ce contrôle, je vous admirais. J'aurais voulu parler sport avec vous, parler nutrition, entraînement, motivation, performance mais voilà, vous êtes ce que vous êtes. Je ne vous dirai pas ce que je pense de votre attitude, car votre grand-mère nous entend. Sachez simplement ceci : d'ordinaire, j'oublie tous les contrevenants dans le quart d'heure. Pour vous, je vais faire une exception : vous n'existez déjà plus.

Marie-Va, interloquée, ne pouvait pas comprendre pourquoi elle n'existait plus, y compris pour nous car tous effarés nous fixions notre Guillaume, lui seul. À nos yeux, King Kong venait de sortir de l'écran du film, de descendre de l'Empire State Building pour déclamer du Cervantès avec la voix de Gérard Philipe.

De fait, Marie-Va, je t'ai tellement oubliée que j'en ai altéré ici ton identité. Guillaume, je ne t'oublierai jamais.

Stat' et Stup', quotas trucs

— Dis-moi Lucie, ton interpellé dans le couloir, là, je l'ai pas déjà vu ?

— Oh si, c'est Quota Stup', il vient tous les mois.

— Kotastup ? Il est turc ?

— Non, il est français. Il améliore mon quota d'arrestations pour détention et vente de stupéfiants : Quota Stup'. Il vend du shit par petites quantités, toujours au même endroit. Il a sur lui à chaque fois une dizaine de barrettes, pas plus.

« On va l'alpaguer tous les vingt-cinq-trente jours, ça se passe entre gens de bonne compagnie, à force on ne le menotte même plus. On rédige la procédure, on avise le procureur et on le libère. Il est un peu simplet, mais pas méchant : il n'a que ça pour vivre, il fait pas du gros trafic, la justice ne va pas l'enfermer pour si peu.

— Mais ? Mais c'est complètement con ?!

— Et alors ? On me demande un quota d'arrestations pour stupéfiants, je le fournis. Après ça, je vais faire mon vrai boulot, j'enquête, je planque, je vais à la chasse aux infos, j'interpelle du vrai méchant, je bosse, qu'est-ce que tu crois ?

— Mais... Personne n'est au courant que c'est toujours le même ?

— Mais si, tout le monde. On s'en fout, il faut des chiffres, on donne des chiffres. Une fois qu'ils les ont, ils nous foutent la paix, alors on peut se mettre à bosser. Hé, va pas t'amuser à arrêter Quota Stup' pour tes chiffres à toi ! C'est le nôtre, personne y touche !

— Euh... Non, merci, ça va, je te rappelle que moi, je gère les délits routiers, alors je m'en fous un peu, de ton gaga. Par contre ne t'avise pas d'aller constater un dépassement de vitesse sur l'avenue Sartre, c'est Quota Prunes, celle-là !

— Kotaprün ? C'est quoi, c'est kurde ?

— Non : Quota Prunes, quota d'amendes si tu préfères.

— Des prunes sur l'avenue Sartre ? C'est une quatre-voies, elle n'a rien d'extraordinaire, non ?

— Non, bien sûr, deux doubles voies de circulation, pas de souci, mais elle est en agglomération. Tout le monde l'a oublié et y roule à quatre-vingts kilomètres-heure entre deux feux rouges mais c'est en ville, donc limité à cinquante. Alors en fin de mois, si notre quota[44] de PV vitesse n'est pas atteint, on…

44. Selon les plus hautes autorités du ministère de l'Intérieur – dont jamais je ne fus –, les quotas n'existent pas, n'ont jamais existé, n'existeront jamais. Sinon, cela signifierait que des fonctionnaires d'État travailleraient à adapter leurs tâches aux infractions prédites par leurs chefs, et donc auraient des objectifs à atteindre tels les premiers vendeurs de savonnettes venus. Je viens donc d'écrire une fiction. Forcément.

[Note de l'éditeur : Titre trop vulgaire, prière de le changer.]

Bande de trous-du-cul n'est pas une insulte, c'est un diagnostic

[Mission – Afrique]

Policier français en mission au profit de l'Union européenne, j'ai vécu deux ans au Sahel. J'y roulais beaucoup, à toute heure, sous la chaleur, sur la crasse, dans un 4 × 4 de service propre et frais.

Parfois, à l'un ou l'autre carrefour, un humain ravagé, femelle ou mâle aux serres tordues plaquées sur ses avant-bras, ou affublé pour toutes jambes de moignons de cuisses, ou la tête à hauteur du plexus tout au bout de son dos cassé, frappait à ma vitre pour mendier.

La première fois, j'ai bondi sur mon siège. Une semaine plus tard, j'entrouvre la vitre, je donne une pièce à la gargouille, je referme vite pour préserver la clim, je repars.

Plus tard, je m'avise n'avoir pas vu un seul enfant parmi les déglingués des feux rouges, uniquement des adultes. Ce petit mystère trouvera sa solution et en attendant, j'ai du boulot.

Un matin au bureau, tasse d'arabica Nespresso ® à la main, je parcours un de ces pavés d'experts que l'ONU produit à jet continu, dans ce style bureaucratie internationale qui t'étouffe à chaque fois la journée dès la page 3. « État sanitaire du Niger », tout un programme.

La page 19 bloque le café dans mes joues. Entre la feuille et moi surgissent en haillons mes monstres des carrefours :

> *Suite aux campagnes de vaccination massive, le nombre de cas de polio a chuté de 350 000 en 1988 à 33 cas en 2018, soit une baisse de 99 % en trente ans.*

Pas d'enfants chez les déglingués : fin du mystère.

Et dans ma douce France, des électeurs dotés de cerveau se revendiquent antivaccins.

Et comment que je le garde, ce titre.

Cent grammes de plumes

Sur mon trajet pour le commissariat, de bon matin, je traverse un grand parc arboré, une splendeur Second Empire. J'y croise tous les jours un couple de délinquants.

Ils nourrissent les pigeons. Ils nourrissent les chats errants, aussi. C'est interdit par arrêté municipal. Et quand un goéland se pose, ils lui attribuent une ration. Tous les matins se forme autour d'eux un grand cercle de pigeons décérébrés piqueté de goélands sournois, de matous placides et de moineaux hystériques en attente de leur pitance.

De temps à autre, je prends deux minutes pour deviser avec ce duo de voyous de la santé de Grisou, le greffier gris qui prend de l'âge, d'Isabelle, la chatte aux trois couleurs qui toussait un peu, vendredi dernier. Ce matin, au milieu des bestioles, le monsieur a déposé quelques graines dans ma main, m'a dit de patienter.

Quatre secondes plus tard, une tourterelle s'est posée sur mon poignet, a picoré dans ma paume. Elle a roucoulé un brin en me fixant de son petit œil noir, avant de s'envoler.

Je suis devenu leur complice. Je suis un misérable. Je le vis très bien.

Reçu fort et clair[45]

— Et ça fait longtemps que tu es monitrice Sports et Tir ?

— Je dirais six ans : cinq ans dans mon ancien service, et ça fait un an que je travaille à la Direction centrale.

— À la Direction, à Paris ? Mais tu t'ennuies pas, chez eux ?

— Non non, j'ai des bons horaires, mon mari a été muté à Paris en même temps que moi, on a trouvé une super école maternelle pour notre petite, ça s'est bien goupillé. Et puis le travail de conception, je connaissais pas, c'est vraiment intéressant. Et je me débrouille pour encadrer de temps en temps des stages de tir comme le vôtre, comme ça, je reste en contact avec le terrain.

— Et dis-nous, on en parlait encore hier, ça nous préoccupe : vu ton poste, tu es au courant du futur uniforme qu'ils nous ont pondu ?

— Alors, comment te dire ? Les gars qui s'en occupent à la Direction sont dans mon bâtiment. Il y a un an, je venais d'arriver, ils m'ont demandé de

45. Phrase radio typique, signifiant « J'ai reçu votre message à un volume correct et sans parasites, je l'ai compris ».

passer les voir pour justement me montrer le prototype du nouvel uniforme. Ils m'ont mise devant un mannequin qui le portait, et ils m'ont demandé de remplir une fiche d'évaluation. Je leur ai dit : « La casquette, c'est niet. Une visière, ça occulte un angle de vue donc ça te masque un éventuel danger. Ça plaît à tout le monde parce que ça fait américain, mais ça ne vaut rien. Ensuite, les grandes poches sur les côtés du pantalon : on ne met jamais rien dans ces grandes poches, ça frotte, ça gêne quand on court, on peut s'en passer. Et cette chemisette quasi blanche : négatif, notre boulot est salissant, pas de blanc. Il vaudrait mieux passer au polo, et plutôt sombre tant qu'à faire. Et aussi, ça ne coûterait pas plus cher de glisser une mince couche de Kevlar dans le tissu, au moins sur le haut de la poitrine, parce que les coups de couteau atterrissent à 70 % dans cette zone… »

« Et je pouvais continuer longtemps ! Mais ils m'ont interrompue : « T'as pas compris. Tu es à la Direction, ici. Tu écris que c'est très bien. Tu signes là. »

« Ma place, j'y tiens : il était super cet uniforme, c'est celui que vous porterez dans six mois.

Public/privé

[Mission – Afrique]

Il y a un mois, avant d'emprunter notre avion habituel appartenant à une petite compagnie sud-africaine, nous avions fait une courte pause dans le salon ministériel de l'aéroport international. Les deux serveurs avaient été très gentils mais franchement, trois banquettes usées, un vieux frigo pas en forme, une clim' cacochyme et une cafetière entartrée pour seuls arguments… L'Afrique. Le service public.

Aujourd'hui, même avion, même mission, mais cette fois nos collègues locaux de la police aux frontières nous ont choyés : ils nous ont invités dans le salon VIP de la Royal Air Maroc. Service impeccable, croissants frais, magazines récents, café au percolateur, un vrai moment de détente sous l'air conditionné qui fonctionne. Le privé, quoi.

Nous chargeons dans l'avion nos caisses d'armement, nos matériels pédagogiques, nos bagages et enfin nous embarquons. Après cinq minutes de vol, Pascal, qui a son siège au-dessus de l'aile, me fait signe. Je regarde par le hublot qu'il me désigne.

— Oui, Pascal. Cela s'appelle une aile, félicitations pour tes dons d'observation mais c'est normal, nous sommes dans un aéroplane, tu sais, et si tu es vraiment très observateur, tu verras que de l'autre côté du fuselage il y en a une autre, et que… en fait t'as raison, le gros bouchon, là, c'est un bouchon de réservoir, il est ouvert. C'est pas normal.

Nous en avisons le poste de pilotage et le copilote, jeunot à l'indolence travaillée dans sa chemisette blanche et ses galons dorés, lâche ses manettes et vient nous voir, tout sourire amusé. Il regarde au-dehors, verdit sous le bronzage et lâche un « *OH, SHIT !* » qui ne relève pas de la procédure d'urgence validée par l'aviation civile.

Il se reprend, fonce au cockpit. On fait demi-tour, on se pose, ils règlent le souci et roule petit bolide, on repart.

Grâce à des agents du service public, l'avion privé est arrivé à destination certes en retard, mais en sécurité.

Oui, c'est une morale.

En ce triste novembre, en bordure de Cévennes, un type enlève une très jeune fille. Il la transporte dans le coffre de sa voiture pendant des jours, la viole à de nombreuses reprises.

Il voyage pendant une semaine, jusque dans un petit village d'Allemagne, où il vole un ordinateur portable, remonte dans sa voiture et s'enfuit. Son signalement est diffusé sur les ondes de la police, dont un équipage le repère et le poursuit. Le voleur cause un accident, perd le contrôle de son véhicule, les policiers l'arrêtent. Ils découvrent la jeune fille dans le coffre, vivante.

Si le scénario final s'était déroulé en France, j'aurais interdit aux policiers de poursuivre la voiture. On n'aurait pas sauvé la petite. Sauf à enfreindre la loi, ce qu'heureusement tes policiers font tous les jours.

Cessez la chasse

J'étais, en ce temps-là, superviseur de salle radio. La consigne écrite, valable dans toute la France, stipulait qu'une poursuite pouvait être autorisée en cas de crime de sang uniquement. En l'espèce, la seule infraction connue des policiers était un simple vol d'ordinateur, rien qui pût justifier une chasse.

En France, si un accident est « causé par un policier » lors d'une chasse policière, l'État paiera tous les dégâts, et le policier ne sera pas puni, sauf s'il a commis une faute professionnelle. Dans le cas où un policier, poursuivant un voleur d'ordinateur, renverse involontairement une mamie traversant au feu rouge, il n'a pas suivi les prescriptions de la fameuse Note. Il peut voir sa responsabilité engagée devant le Juge, qui voudra établir ce qui aurait dû constituer la bonne pratique professionnelle : il lui suffira pour cela de lire la Note, qui la fixe.

Pour être clair : le policier pourrait se voir condamné à payer l'amende et les dommages et intérêts, voire à une peine de prison.

À ce jour la haute hiérarchie couvre ses subordonnés, mais la Note existe qui la dédouanera en cas de vrai coup dur. Aurait-elle été rédigée pour cela ? Évidemment.

Mais aussi pour obéir à la volonté du Citoyen. Oui, toi.

À la suite d'un accident de la route sans aucune victime, le conducteur responsable s'enfuit. Une voiture de police poursuit l'auteur de ce délit de fuite. Ton petit Théo échappe à ta surveillance, traverse sans regarder, et se fait renverser par la voiture de police. Quoi ? À la suite d'un banal accrochage, juste de la tôle enfoncée, ces cow-boys décérébrés se croient dans un jeu vidéo, et renversent ton gamin ? Ton scandale sera à la hauteur de ton traumatisme.

De fait, la hiérarchie policière a anticipé la réaction des citoyens et des lecteurs de journaux, a établi une balance risques-bénéfices, et en a déduit une règle : aucune infraction ne justifie le déclenchement d'une poursuite en véhicule, sauf les crimes de sang, point final.

Quand la société acceptera la part de risque qui accompagne l'interpellation d'un délinquant, la police sera autorisée à enclencher une poursuite. D'ici là, les citoyens décident : la police est au service du citoyen, les Français ont la police qu'ils veulent. Et c'est très bien ainsi.

Suivant en cela les prescriptions de la Note, j'ai, pour faire appliquer les règles d'engagement officielles, ordonné de « cesser la chasse » plusieurs fois dans ma courte carrière de superviseur, sans hésitation. Je couvrais mes supérieurs, je me couvrais. Et je savais que mes collègues à coup sûr continuaient ladite chasse, en me traitant de tous les noms hors micro.

Comment je le sais ? Disons que j'ai aussi tourné en voiture de patrouille et que, après avoir entendu un comminatoire « Cessez la chasse » lors de l'une ou l'autre poursuite, il a pu m'échapper quelques gracieusetés à l'endroit de l'opérateur radio et avoir omis de lui obéir, étourdi que je suis.

Contre les consignes de leur hiérarchie, contre la lettre de la Loi, contre la volonté de la population, tes policiers poursuivent des délinquants en voiture tous les jours, en mettant à chaque fois leur carrière en jeu, en le sachant.

Ces flics poursuiveurs, des cow-boys décérébrés ? C'est un point de vue. Je vais te laisser l'exposer à la petite dans le coffre.

Monodialogue

— Monsieur Reynaud, vous n'allez pas me répondre. Je vous connais, je ne vous laisse pas le choix. Ne répondez pas, vous allez être vulgaire.

Déjà, il pourrait se dispenser d'interrompre notre repas, et surtout l'approche est pour le moins non conventionnelle, pour un capitaine.

— Alors je vais vous poser une question parce que j'y suis obligé, ça fait partie de la procédure. J'ai été prévenu ce matin : vous allez recevoir la Médaille d'honneur de la police. Je sais ce que vous pensez des médailles, et spécialement de celle-ci. Hopopop ! Laissez-moi finir. Dans trois semaines aura lieu une cérémonie dans la cour de la préfecture, et le préfet en personne remettra leur médaille à tous les fonctionnaires désirant y assister, en grande tenue évidemment. Alors ma question obligée est : voulez-vous faire partie des récipiendaires ? Hopopop ! Vous vous taisez. Je sais. Vous passerez dans mon bureau, je vous remettrai la médaille dans sa boîte.

— Est-ce que…

— Hopopop ! La réponse est non, vous ne pouvez plus la refuser, vous l'avez. Vingt ans de carrière, médaille d'honneur, c'est comme ça. Des questions ? Hopopop ! Vous n'avez pas de question. Bon appétit.

C'est bien les conversations avec Hopopop, c'est simple.

Patron

On ne peut plus faire semblant : on est crevés. Il n'y a qu'à voir la tête des rares clients de la station autoroute déboulant dans les toilettes et apercevant un alignement de CRS hâves et mal rasés devant les lavabos immaculés pour comprendre : on fait peur. On a des tronches de cadavres sous cet éclairage, on n'est pas lavés, pas rasés depuis trente heures, deux émeutes de prisonniers gérées comme on a pu, on pue la sueur et le relent de lacrymogène et on nous envoie sur une troisième taule en folie, à quatre heures de la précédente.

Or, les véhicules comme les hommes, il faut les sustenter, de temps à autre. Et là, joie ineffable du métier, pas le choix : aire d'autoroute. Il est 2 heures du mat', les collègues chauffeurs patientent en files avec leurs véhicules devant les pompes nourricières, ceux de l'Ordinaire (la cantine) qui nous suivent, avec les cuistots et les serveurs, nous tartinent à l'écart, vite fait, un pique-nique à base de sandwiches jambon sulfité et pâte de fromage, yaourts aux fruits et sachet de deux biscuits sablés qui restera dans les annales des soupers foireux pris à point d'heure au son des pschitt de freins des poids lourds se garant alentour. Tout ça réceptionné sur le hayon arrière de leur camionnette blanche par quatre-vingts flicards débraillés, ça finit par glisser dans les estomacs à coups de sodas trop sucrés et de café en poudre arrosé d'eau assez chaude pour faire croire qu'on boit autre chose que de la merde. Grand moment. Et en plus il fait froid. Vocation, primes de déplacement, mal au ventre et sommeil.

Je sors des toilettes et me dirige vers les lavabos, rejoignant mes collègues. Tous tire-bouchonnés dans leur cotte bleue, pas rasés, les yeux sous le nez, en temps normal je devrais faire rectifier tout ça mais là, je viens de me voir dans la glace. Pas la peine. Paquet de zombies, on a une heure de pause, je ne vais pas jouer au chef de section de caricature. Les citoyens nous voient comme on est ? Pour cette fois, tant pis.

On est tous crevés, à cran. Deux remises en ordre de prisons surchauffées, dont une très bastonneuse, et de la route, de la route, de la route. Nos chauffeurs sont à la limite du hagard, les gars sont à l'ouest, mon grade je me le plie dans la poche et j'attendrai demain pour polir les apparences, faire recoudre les insignes relâchés, laver les calots empoussiérés, cirer les rangers pleines de traces.

Ça doit bien faire trente secondes maintenant, que je me lave les mains sous l'eau tiède. Je fais durer l'écoulement bien à sa place. Je règle sur tiède, ça coule tiède. Pas comme ces maintiens de l'ordre où quand tu pars à gauche ça foire à droite, quand tu tires une lacrymogène le vent change de sens et tu en respires plus que ta cible, quand tu peux interpeller un salopard tu n'en reçois pas l'ordre donc tu t'abstiens, et quand tu ne peux plus l'interpeller parce que c'est trop dangereux, ça devient comminatoire dans l'écouteur, c'est maintenant qu'il faut aller le chercher. Là, je règle sur tiède, et c'est tiède. C'est simple, c'est fonctionnel. Je suis crevé, moi.

Le commandant de compagnie est à côté de moi. Dans un drôle d'état, lui aussi. Compagnons de lavabo au fin fond d'une campagne goudronnée entre deux péages, sous la lueur des néons, on se fabrique des beaux souvenirs de carrière, tous les deux. Il bâille façon hippopotame, me sourit dans la glace.

— Ça suit, chef ?

— Commandant… Si j'ai tout bien compris, on part pour une troisième intervention, là ? On s'arrête, un jour ? J'ai rien contre les HS[46], ça me fait quelques sous mais là, on joue clairement aux cons, vous ne trouvez pas ?

— On n'a pas le choix, chef. La moitié des taules françaises ont le couvercle prêt à sauter, avec la grève des matons par là-dessus, on est le dernier recours. Les préfets nous font tourner comme des avions, nos

46. À ce jour, seuls les agents affectés en CRS voient leurs heures supplémentaires (HS) rétribuées.

collègues GM[47] sont à fond aux aussi. On n'a pas le choix.

Je me passe de l'eau tiède sur le visage, beaucoup. Je me regarde dans la glace. Je recommence avec de l'eau plus fraîche. Je me regarde. Je laisse tomber, au sens propre aussi.

— Je vous assure, chef, que je refuserai la mission si j'estime qu'elle est trop dangereuse pour des hommes qui sont trop exténués, mais le directeur de cabinet m'a appelé trois fois en moins d'une heure, tout le monde est sur les dents, ça trépigne jusqu'au ministère : tout le monde joue sa carrière, sur ce coup. Ils veulent du bleu partout, alors on fournit, et…

Je l'interromps. Moi, petit chef, je l'interromps. La fatigue, sans doute.

— Je sais, commandant, mais bon… Les chauffeurs sont crevés, vraiment crevés, rien que rouler, c'est dangereux. En plus, je ne vous embête jamais avec ça mais là, ça craint. Si on se retrouve face à des taulards énervés, on va gagner, mais avec de la casse en face, c'est sûr. On est crevés, commandant. Ça va être une boucherie. On va arriver dans deux heures maxi, et encore, si aucun chauffeur ne s'endort au volant, et les hommes n'auront pas eu le temps de récupérer, ni vous d'ailleurs. Vous êtes sûr que vous allez prendre les bonnes décisions, si ça

47. Gendarmes mobiles. Comme des agents de CRS (qui sont fonctionnaires de police), mais en version gendarmerie (donc militaires).

part en sucette ? En forme, on sait faire, commandant. Dans notre état, là, je ne sais pas.

— On va faire.

Le ton a changé. Fini les potes de lavabos, l'officier a repris la main. Les appels venant de haut et de très haut ont dû être vraiment fermes. Tant pis, j'aurai essayé.

Je me passe les mains sous le séchoir tandis qu'il finit de laver les siennes. Rien ne se déclenche. Je secoue les doigts. Néant. Je passe les mains au-dessus, sur les côtés, pas plus. Pas de bouton déclencheur sur la façade du bête et lisse instrument qui que quoi et ça sort comme ça vient, pas le temps de trier :

— C'est la police qui leur fournit leurs sèche-mains, ou quoi ?!

Je tape dessus, grande claque mouillée sur le plastique blanc qui résonne.

— Mais tu vas marcher, oui !? J'ai un métier, moi !

Deuxième claque, pas le format gentil pour faire redémarrer un peu fermement une brindezingue à roulettes qui ne veut pas se déclencher, non non, la vraie bonne claque des familles à ce truc qui s'obstine à rester silencieux alors que le bon air chaud devrait déjà pulser sur mes mains trempées qui doivent dans moins de trois minutes agripper un sandwich mouligasse sur un parking perdu derrière une camionnette blanche puant le gasoil et la sueur de cuistot fatigué.

José, un des miens, m'écarte d'une bourrade. Il passe les mains sous l'appareil, glisse les doigts dedans, en extrait trois serviettes en papier, me les tend sans un mot.

Je pose les mains sur mes joues. Je ne sais pas si je dois rire. Sans doute. Le commandant m'observe, dans la glace qui lui fait face.

Je le laisse accéder au distributeur. Il nous regarde, tous les douze, il est bientôt 3 heures. Il ne s'essuie même pas les mains. Il sort son portable de sa poche de poitrine, appuie sur un seul bouton. Il s'avise qu'il est toujours au milieu de la troupe, se force à ouvrir un peu plus les yeux, pousse la porte. Nous n'entendrons que quelques mots :

— Monsieur le Directeur ?

Pour cinq heures de sommeil accordées à ses gars, le comanche[48] n'a jamais obtenu ce grade de commissaire qui lui était pourtant promis, à quelques mois de la retraite.

Personne jamais ne l'appellera Patron.

Chapeau bas. Et bonne retraite, Patron.

48. Commandant.

Je sais pas

[Mission – Afrique]

Jules, garde national sahélien, me prend à part à la fin de notre réunion :

— Tu sais monsieur Serge, à cause des combats tous les marchés de la ville ont été fermés jusqu'à nouvel ordre par le gouverneur. Mon voisin Oumarou, il est marchand de tissus, il ne peut plus rien vendre. Ça fait dix jours maintenant : il n'a plus un sou.

« Tu sais quoi ? Il a toujours nourri sa famille, et là il peut plus. Et Fatoumata sa fille aînée, je la connais, elle est très jolie, elle a quinze ans, elle sortait jamais le soir et maintenant elle sort, malgré le couvre-feu. Ici tu sais, tout se sait, elle va dans les bars des *annasaara*[49]. Et quand elle rentre le matin, elle dit rien elle met de l'argent sur la table.

« Tu comprends ? Je t'assure, il a cinquante-cinq ans, il a deux femmes, il a cinq enfants, il pleure il me dit il a honte. Je sais pas quoi faire, monsieur Serge.

Je suis le conseiller français et là, mon pote Jules, je sais pas non plus.

---

49. En Afrique subsaharienne, le Blanc, souvent le Français.

Cancel Culture

[Mission – Afrique]

Les gendarmes français avec moi en mission au Sahel développent par tradition un sens de l'humour disons, militaire. Pas spécialement finaud. Donc souvent, je ne ris pas. Mais cette fois, si, et fort, et puis alors pour la journée. Didier, capitaine de gendarmerie, formateur en procédure pénale :

— Bruxelles m'a appelé hier pour me proposer un emploi de formateur en droits des minorités. C'est les infractions liées à l'origine, les orientations sexuelles, le genre, tout ça. Moi, j'ai répondu tout de suite : « Pourquoi pas ? Vous me donnez un objectif, je vous monte une formation. Du moment que je suis commandé ni par une bonne femme ni par un nègre parce que bon, on n'est quand même pas des pédés. » Je comprends pas, ils m'ont pas rappelé.

« On connaît dans chaque hémisphère Notre Cane-cane-cane-Canebière[50] »

J'ai fini mon service, je muse, je rentre chez moi. D'un pas primesautier accordé à ce lumineux vendredi soir, je descends l'incontournable Canebière, qui baigne dans l'accent local et les réminiscences des opérettes de Scotto. À hauteur de la rue Vincent-Scotto d'ailleurs, j'avise trois policiers municipaux qui tentent d'interpeller un couple de jeunes gens, braillards et très remontés. Un deuxième couple s'interpose, hurle, ergote, gigote, ça vire vite bagarre de chiffonniers, leur truc.

Mais c'est bon, ça va. Je rentre chez moi. Ils n'ont besoin de personne, s'en sortent très bien tout seuls. D'ailleurs ce jugement est partagé par la foule vu que la moitié des témoins érigent leurs téléphones et filment en attendant, qui sait, la fuite héroïque des persécutés, la bavure des méchants ?

Oui, d'accord, indignation facile certes mais crotte, en fait les bleus ne s'en sortent pas. Bon. Je m'annonce,

50. Refrain de la célèbre chanson *Canebière*, écrite en 1935 par René Sarvil (paroles) et Vincent Scotto (musique).

me concentre sur un des types et, tandis que sa copine me traite de fils de pute, lui me crache dessus, m'envoie une torgnole, me rate, me hurle d'aller niquer mes morts, youpi. En renfort d'un collègue je lui place une clé de bras, il est finalement menotté. Rien d'héroïque : il manquait un intervenant pour finir le job proprement ; à trois ils ramaient, à quatre, on gère. Les collègues, entassés dans leur voiture avec les deux menottés, s'arrachent. Fin de séance.

Je rentrais chez moi, j'y étais presque. Or intervention veut dire procédure, donc m'attendent deux heures de procès-verbaux, télégramme, comptes rendus, registres, paperasse. J'enfile mes semelles de plomb et, le Vieux-Port dans le dos, du célèbre pas du scaphandrier neurasthénique, je m'en retourne au turf.

À 20 heures, j'ai fini. Je suis à nouveau planté sur l'avenue la plus célèbre du quartier. Je me sens marseillais comme jamais, et migraineux aussi. Alors ce soir, les snacks huileux et les kebabs fumants, les badauds balançant leurs mégots bruns et leurs mucosités vertes sur les terrasses de bistrots illégales, les façades noircies surplombant les trottoirs encombrés de chalands suants, les autobus coincés dans les voitures inciviques, les poubelles débordant de journaux gratuits et d'emballages de bouffe prémâchée, les passants filmeurs, la crasse endémique et le soleil lénifiant au-dessus, notre si belle Cane-Cane-Cane-Caneubiè-reuh, je l'ânculeuh.

Ça n'en sortira pas

[Mission – Afrique]

Le Secrétariat général pour l'administration du ministère de l'Intérieur a pour petit nom Sgami. Il assure la bonne marche des transmissions, de l'informatique, la réparation de nos voitures, les approvisionnements en uniformes, en matériels, les traitements des fonctionnaires, leur suivi médical, les retraites et j'en passe. Chaque Sgami (sept en France) couvre plusieurs départements, ça fait du monde.

Or, chaque fois qu'un policier commet une gaffe, du genre de celles qu'on ne devrait surtout pas ébruiter et qui s'ébruitera d'autant plus vite, il a la certitude que ses chers collègues évoquent le Sgami, avec LA réplique inévitable, LA phrase aussi traditionnelle que fatidique, que je ne saurais illustrer que par l'exemple.

Notre Aline, capitaine de police quarante-neuf ans-deux-enfants en mission en Afrique subsaharienne, est ma passagère dans le 4 × 4. Nous cherchons une adresse précise et bon, pas de noms de rue, pas de numéros, pas de repères, 80 % des routes de la ville constituées de latérite et creusées de trous comme des marmites, on s'est perdus.

Je décide de contourner le groupe de bâtiments qu'on a déjà passés tout à l'heure, pour retrouver un semblant de macadam et tenter de m'orienter. Je tourne à angle droit au milieu des innombrables femmes en boubou, types torse nu en short et claquettes, gamins quasi nus courant partout et moutons assommés de cagnard et tiens, au milieu de la route, un veau ; un veau local plus zébu que veau, avec sa bosse sur le dos et ses grandes oreilles. Efflanqué, placide, à dix mètres du pare-chocs il manifeste d'un regard morne son intention de ne pas s'écarter de mon chemin qui est le sien. Aline, toujours au top de l'attention :

— Serge, fais gaffe à l'âne !

— Pardon ? Un âne, quel âne ?

Elle plisse les yeux vers le veau :

— Ben là, l'âne… Oh pardon, je voulais dire la chèvre !

— La chèvre ?!

— Oh non, oh non mais quelle conne je fais ! Serge, arrête de rire ! Tu gardes ça pour toi, tu ne le dis à personne, hein ? Je t'interdis de… Arrête de… Bon, j'ai compris. « Ça sortira pas du Sgami », c'est ça ?

C'est ça.

Killer

Jean-Baptiste, ça, je suis sûr. C'est son nom qui m'échappe, maintenant. Koehler ? Keller ? M'en souviens plus. Pas grave. À l'époque, personne ne l'appelait ni Jean-Baptiste ni JB ni Jean-Ba. Pour tout le monde, c'était Killer.

Délicate allusion au fait qu'il avait été membre actif d'un GIPN[51] pendant plus de douze ans, avant d'intégrer l'unité. Douze années sur lesquelles il ne s'étendait pas, mais il avait arrêté plus de types dangereux que tout le commissariat réuni, participé à des missions plus ou moins confidentielles dans la France entière, subi plus d'entraînements que n'importe qui en ville et si un taureau le charge, appelez la Société protectrice des animaux : un triste destin attend cette pauvre bête.

Au tout début, il nous avait un peu étonnés, le Killer. Qu'est-ce qu'il venait faire dans notre petit commissariat de province, lui qui avait un CV indépassable, cinquante possibilités de reconversion dans des services autrement plus prestigieux que le nôtre ? Un type moniteur de tir et instructeur d'arts martiaux, en excellente condition physique, avec toutes les huiles

51. Naguère Groupes d'intervention de la Police nationale, aujourd'hui antennes régionales du RAID, la plus connue de nos unités d'intervention.

qu'il avait croisées pendant son passage au Groupe et qui auraient pu, d'un coup de fil, orienter au mieux sa carrière, pourquoi s'enterrer chez nous ? Que pouvait-il bien trouver comme excitation à patrouiller dans notre petite ville tranquille ?

Le Groupe lui avait donné son rêve, douze ans de passion absolue et à la fin, l'affectation en forme de piston à dix kilomètres de sa belle-famille, la possibilité d'éduquer ses enfants dans une région préservée, verte et tranquille. Ses gosses vivaient à la campagne, sa femme était aux anges, il s'était mis au rugby, se créait de nouvelles racines, il était heureux, comme tout le monde. Le truc, c'est ça : comme tout le monde. Comme nous.

Le surnom, en fait, c'est pas venu tout de suite. Ça devait être six semaines après son arrivée, il était chef de poste (celui qui accueille le public, répond à la radio, tient la main courante, ce genre de choses). Un type un peu chaud d'alcool mal filtré est entré dans le hall, a gueulé sa vinasse au nez d'une timide ADS[52] qui ne savait trop s'en dépêtrer. Jean-Baptiste ouvrait la porte des vestiaires et entrait dans le hall, à dix mètres de la scène. Il avait commencé à lever un sourcil et à s'approcher quand le type, un quadra taillé comme un bûcheron qui rigolait grassement ses 13 degrés minimum, avait claqué sa grosse main aux fermes fesses de la gamine en bleu. La seconde d'après le cri de

52. Voir note p. 139.

surprise outrée de la petiote, Jean-Baptiste était arrivé à bon port, il y avait eu comme un bruit de dés dans un cornet en bois, et le géant était par terre, en paquet dans ses fringues : plus de son, plus d'image. Au final et pour le même prix, il avait été éjecté du commissariat en un roulé-boulé sur marches en pierres du pays : grosse sensation auprès des trois mamies qui rentraient des commissions à ce moment-là.

Ici, c'est le Sud-Ouest. Alors bon, la bavure on l'a, comment dirais-je, lissée. Le peloteur optimiste et imbibé n'est pas allé en cellule de dégrisement, et Killer ne s'est pas fait engueuler par le patron[53]. Il ne l'a pas félicité, faut pas pousser, mais enfin il a très bien joué au « J'ai rien vu, rien su, je suis détaché de ces choses, laissez-moi tranquille ». Dès le lendemain, surnom à l'applaudimètre : Killer.

Il faisait partie des meubles, rien ne dépassait, pas même un épi vu qu'il commençait à perdre ses cheveux sur le dessus. Mais Killer n'est plus. Fini.

J'étais avec quatre autres de la brigade en pause Charlie deux fois quand… Quoi ? Oh, pardon. Charlie : lettre C en alphabet radio. Charlie deux fois : CC. On prenait la pause CC, Casse-Croûte, en salle de repos. Tolérée par la hiérarchie du moment qu'on n'exagère pas, une demi-heure maximum, et qu'on garde les radios allumées pour répondre aux urgences. Charlie deux fois, donc, et en guise de musique de fond nous

53. Commissaire, voire plus gradé encore.

révisions nos gammes flicardes. Nous racontions nos aventures passées, celles datant de notre affectation initiale à Paris, pour l'essentiel.

Pendant que le café coulait dans le récipient de verre jamais tout à fait net après toutes ces années, j'ai raconté la fois où le type nous avait tiré dessus et que son arme s'était enrayée avant même le premier coup de feu, en ces temps où le gilet pare-balles de dotation était un simple fantasme : la trouille de ma vie. Et si l'arme avait fonctionné, son canon vers la poitrine de Martine, ma collègue ? Et si ? Et si ? On ne saura jamais. William a poursuivi :

— Moi, attends… C'était dans un squat bien crade, du côté de Charonne, un bâtiment tout pourri. On y recherchait un type, un dealer pas trop dangereux a priori mais on devait se méfier quand même. Donc on va le chercher, à la lumière des lampes torches. À un coin de couloir, le type me saute dessus en hurlant, je l'ai pas vu venir. Mon binôme était juste derrière moi, à deux on l'a maîtrisé mais pas facilement, tu peux me croire ! Il était complètement en vrille, il savait plus ce qu'il disait, parti loin de sa tête. Il était injecté je sais pas quoi, une vraie bête, obligés de l'assommer à coups de poing, à coups de pied dans la tête une fois au sol, pour pouvoir le menotter, t'imagines ? Déjà, belle pétoche à la base, mais c'est pas fini ! Une fois qu'on a fini de le pincer, mon pote me regarde et me fait : ça va ?

« Ben oui, je lui dis, ça va, j'ai pris un ou deux gnons mais ça va, qu'est-ce qu'il y a ?

« Il y avait que ce crevard m'avait planté une seringue dans le bras : une seringue qui tenait toute seule sortait de mon bras ! Un junkie sans doute pourri d'hépatite et de sida m'a planté avec sa seringue ! Ma trouille de ma vie, elle a duré un mois plein, le temps que l'enveloppe arrive avec le résultat de tous les tests. Tu imagines l'angoisse quand je l'ai ouverte ? Tu peux pas savoir. Quatre semaines de traitement en préventif, des dizaines de cachetons, ma femme en larmes tous les soirs… j'ouvre : ensemble des tests, négatif. Tu t'imagines, le soupir de soulagement à soulever le plafond ?

Le café était passé, Christophe à son habitude remplissait les verres.

— Et toi, Killer, c'est quoi ton pire ?

Son menton était posé dans sa main, le coude sur le comptoir séparant le côté cuisine du côté salle. Lui, ça devrait décoiffer.

— Moi, c'était il y a deux ans.

Christophe en arrêta de verser le café dans le dernier verre.

— Deux ans ? T'es chez nous depuis quatre ans, non ?

— Oui. D'ailleurs t'étais là. Le 15 février d'il y a deux ans. Je sortais à peine du vestiaire quand la dame est entrée, avec le coquard, tu te souviens ? Cinq heures et demie du matin ?

— Euh…

— Elle est venue, elle t'est passée devant et elle est venue me parler. On était trois dans la salle à ce moment-là, et elle m'a choisi je sais pas pourquoi. Tu te rappelles ce qu'elle a dit ?

— Une histoire de violences conjugales, non ? Un truc comme ça, je me souviens.

— Tu te souviens pas. Elle a dit : « Excusez-moi, monsieur. S'il vous plaît. Mon mari me tape. Je peux plus. Cette nuit, il m'a forcée à… je peux plus. Et puis ce matin, les petits étaient pas encore partis à l'école, il m'a encore frappée. Je peux plus, monsieur. Je suis fatiguée. S'il vous plaît. »

« J'aurais eu le type devant moi, là, tout de suite, je lui faisais bouffer ses dents et ses gencives. Mais il était pas là. Les OPJ allaient prendre leur service deux heures plus tard minimum, il n'y avait que la dame et elle me parlait, à moi. Pas une seule collègue féminine[54] dans le coin pour lui refiler le problème. C'est tombé sur moi. Elle avait un coquard, elle était mal fringuée, en mules, je me souviens, et voilà.

« Je suis venu m'asseoir avec elle ici, dans la salle de repos, et je savais pas quoi lui dire. On est restés assis là, elle comme une pauvre fille et moi, comme un con. Et puis à un moment, elle a pleuré, mais pas le genre je me roule par terre, non, comme un gosse qui

---

54. Ce devrait être soit « une collègue », soit « un collègue féminin ». On sait. Ça restera « une collègue féminine ». On sait pas pourquoi.

te regarde et qui chiale sans s'arrêter, parce qu'il sait pas quoi faire d'autre à ce moment-là. Ma plus petite quand son hamster est mort, ça ressemblait. Voilà. On est restés une demi-heure assis là, et puis l'officier de permanence que tu avais appelé chez lui est arrivé, et il a pris l'affaire. Tu te souviens ?

— Ouais, maintenant que tu me le dis. Mais euh, c'est ça qui t'a le plus marqué, toi ?

— Quoi, moi ?

— Ben, je sais pas… Douze ans avec ta cagoule, ton casque lourd, et puis là, une bonne femme… ?

— Et d'une, on dit pas bonne femme. Et de deux, au Groupe, on s'entraînait, tout le temps. C'était notre métier, prise d'otages, intervention en zone hostile, assaut avec chien, sans chien, avec ou sans explosif, bouclier blindé, tout ce que tu veux, on se prépare, on veut savoir faire, on s'entraîne.

« Là, je sais toujours pas si j'ai bien fait. J'étais pas entraîné. Ça lui a fait du bien, à cette dame, ou j'ai juste été nul ? Tu comprends ? Fracasser des types qui méritent, avec des équipiers dignes de ce nom et de la gnaque, c'est jouable, c'est le pied, même. Au point que, en vacances, parfois, le boulot te manque. Tellement tu aimes ça, les potes, le Groupe, les opérations, l'entraînement, les arrestations, la baston. Mais là, avec la dame en mules, je suis censé faire quoi ? Hein ? Je fais quoi ?

— Je sais pas. Elle t'a dit quoi, la bonne… la dame ?

— Oh, rien, pas de quoi en faire un roman, ou alors un bien chiant à lire. Elle comprenait pas, surtout, comment son gentil fiancé d'il y a longtemps était devenu ce connard cogneur, et elle cette serpillière sans aucune volonté devant lui, sans réaction, elle ne se reconnaissait pas, si tu veux. Et puis ce matin-là, elle avait eu juste assez de courage pour venir jusqu'au poste, elle voulait parler à la police et c'est tombé sur moi.

« Elle m'a parlé. Elle a chialé, surtout. Et moi, j'ai pas dit grand-chose. Si tu me demandes ce qui m'a le plus marqué dans ma carrière, eh ben, c'est la dame avec le coquard.

Killer ? Qui ça ? Ah, Jean-Ba, tu veux dire.

Gooooooooooood Morning Africa !

[Mission – Afrique]

Nous dix, policiers européens, passons les contrôles de l'aéroport international de la capitale – équivalant facilement en taille, équipements et prestige celui de Tarbes-Laloubère, voire Cambrai-Niergnies.

Formalités expédiées, nous embarquons dans le van qui nous conduira à l'avion. Durant le court trajet, Charles – notre chef sécurité – fait remarquer au chauffeur qu'il n'y a que trois avions sur la piste et que, pour le nôtre, c'est pas la bonne direction, oh c'est pas par là mais putain où TU VAS JE TE DIS QUE C'EST PAS PAR LÀ !

Le type, imperturbable, roule encore cinquante mètres, arrête son véhicule au pied de l'avion qu'il visait, descend ; Charles gueule plus fort encore OH ! C'EST PAS NOTRE AVION !

Le gars, sans jamais tendre une fois une jambe totalement, rejoint en toute quiétude la passerelle, où un steward lui fait savoir que décidément non, pas du tout, ce n'est pas l'avion pour les policiers.

Il revient vers nous à la juste allure pour que jamais ses tongs ne quittent tout à fait le sol, se rassied, ferme sa portière avec juste la bonne force pour ne pas la fermer tout à fait, se tourne maintenant vers Charles et, tel le pédagogue attentionné devant le gentil cancre, lui explique :

— Chef. Tu sais en fait, je dois te dire : celui-là, c'est pas le bon avion. Alors…

— Alors tu nous amènes à notre avion. Tout de suite.

Au vu de l'index tendu vissé sur le poing serré apparu devant sa face, le chauffeur estime que Charles a passé le stade des explications. Il tourne en silence le volant, enclenche la première. Il a, à droite de la piste, un vieil avion de transport de troupes qui rouille là depuis au moins deux ans, et notre petit avion à gauche.

Il lui restait une chance sur deux. Bon, ben, c'était pas son jour.

Pantacourt

[Mission – Europe]

Le chef des policiers français m'accueille au pied de l'avion. Il m'expose le programme de la semaine de formation initiale ici, à Sarajevo, avant que je rejoigne mon affectation pour une année. Il m'annonce d'ailleurs que ma destination, fixée il y a deux mois, a changé il y a deux heures : je ne stationnerai pas comme prévu à Capljina, en bord de mer tout près de la Croatie, mais dans un bourg de montagne proche du Monténégro. Il atténue le choc avec un sourire et un « Ne t'inquiète pas, les filles sont belles partout dans ce pays ».

Nous sortons de l'aéroport, devant lequel des façades d'immeubles sont criblées de trous d'obus. La guerre n'est finie que depuis dix ans. Mon stage de prédéploiement en France m'a dit les bombardements, les viols, les exils forcés, les mines antipersonnel, les fosses communes. J'arrive heureusement bien plus tard, dans le cadre d'une coopération institutionnelle classique ; et ces filles des Balkans, tout autour, sont bien charmantes.

Un taxi ralentit, s'arrête près de moi. La porte arrière s'ouvre en grand qui m'offre le portrait en pied de la cliente réglant sa course. Slave brune élancée de vingt-cinq ans peut-être, un pull saumon haut tendu par de fermes promesses, un jeans blanc ajusté. Autant sobre que sexy, irrésistible.

Elle sort de la voiture, s'équipe de deux cannes anglaises, me sourit, se dirige vers le hall Départs d'un pas, d'un pas si… si décidé qu'il fait joliment… joliment rebondir ses rondes…

joliment rebondir ses rondes fermes fesses au-dessus de sa jambe. De SA jambe.

Première impression

Mon boss me désigne pour assister à la réunion de commandement du lundi au commissariat central.

— Mais commandant, je débarque dans la ville et dans le service, je connais personne !

— Justement, chef. Il y aura tous les chefs d'unité, ce sera une bonne occasion de vous présenter. C'est dans une demi-heure, vous devriez y aller.

Le temps de trouver une place de parking, puis le bon étage et la bonne salle, j'entre, une quinzaine de collègues sont déjà installés, il reste une place libre, je m'y dirige. Mais le type au centre de la table en U m'interpelle :

— Vous en êtes content, de votre tenue d'intervention ? Ils ne fournissent pas la montre, avec ? Vous êtes en retard.

Je sors mon portable.

— Bonjour, monsieur. Chef Reynaud. Il est 8 h 59, j'ai une minute d'avance si la réunion commence à l'heure. Ce qui devrait être le cas si personne ne transige avec les indications de l'horloge atomique, sur laquelle se règlent tous les téléphones portables de cette planète, téléphones qui au passage ont depuis longtemps remplacé les montres.

Sur la fin de ma répartie qui, j'en suis sûr, aurait fait marrer tout le vestiaire à l'unité, je m'avise que je me suis trompé de public. Le type ne plaisantait pas du tout. Tous les spectateurs se taisent. Pas un sourire. Et j'aurais dû percuter avant : le type que j'ai vanné doit être le…

— Commissaire divisionnaire Demil, chef de circonscription. Vous faites partie de ma compagnie d'intervention, c'est ça ?

— Oui, monsieur le divisionnaire. Nouvellement affecté. Je vous prie de m'excuser.

— C'est une réunion de commandement, j'attendais un officier. Pourquoi ils m'envoient un simple brigadier-chef ?

Simple brigadier-chef ? Je m'étais excusé, pourtant.

— Je l'ignore, monsieur. Simple gradé, j'ai reçu un ordre à ma portée : assister à cette réunion, en rendre compte à mes chefs.

— Vous ne répondez pas à ma question.

— Seul mon commandant d'unité pourrait y répondre. Je suppose que, vu que c'est une simple réunion de routine dans un simple commissariat de province, il a considéré qu'un simple brigadier-chef avec un simple bloc-notes ferait l'affaire.

Il fait durer le silence.

— C'est bon, prenez une chaise.

Je m'assieds.

— À moins que vous ne vouliez nous infliger un exposé sur la chaise, sa vie, son œuvre, son histoire, ses perspectives futures, chef ? Non ? Bien. Messieurs-dames, je vous présente le brigadier-chef Serge Reynaud, affecté le 2 de ce mois chez nous, divorcé sans enfant, vingt-deux ans de carrière dont un détachement de trois ans en Italie, adjoint au chef de la deuxième section à la compagnie d'intervention. L'ordre du jour…

Il a dit ça vite, d'une traite, sans notes. Alors ça va être simple : retour aux fondamentaux, priorité à la sécurité. Je la ferme.

Échelle de valeurs

[Mission – Afrique]

J'ai, pendant deux ans, mené des opérations de contrôle conjointes avec les Douanes, l'Urssaf, le Trésor public, l'Hygiène, entre autres services. À ce titre, j'organisais des réunions de cadrage, présidées par le procureur de la République, patron de ce dispositif.

La première fois, naïveté du débutant, j'ai demandé quelques sous à mes chefs. Au vu de l'enjeu, la réponse fut immédiate : « Négatif, il n'y a pas de budget pour ça. » J'ai donc acheté avec mes deniers des capsules de café, des croissants, des brioches, des assiettes en carton, des sachets de thé, des gobelets… Rien d'extraordinaire, le minimum pour recevoir dignement des agents publics efficaces certes, mais pas tous enclins à la coopération franche et sereine avec la police. À chaque réunion, j'en ai été de ma poche.

Cela ne m'a pas ruiné, et les brioches étaient bonnes. Ma seule expérience de gestion de budget dans la police s'est donc montée à 50 euros peut-être, et encore, les miens.

Après quelques péripéties de carrière, me voici en mission au profit de l'Union européenne au Sahel. J'assiste à ma première réunion budgétaire, pilotée par Fred, un officier de police belge.

— Serge, tu as rédigé un document plutôt pas mal, techniquement ça se tient, mais les devis sont plutôt élevés et on ne pourra sans doute pas créer de ligne de crédit sur l'exercice comptable de cette année pour ton projet. Quoique, à la limite, si j'arrive à gratter sur la partie fongible…

— Fongible ?

— Fongible, comment te dire ? Qu'on peut mélanger. Deux lignes de crédit qu'on additionne, qu'on fusionne pour en faire une seule, si tu préfères. Dis-moi, tu n'as jamais budgété quoi que ce soit, en France ?

Des assiettes en carton, des brioches.

— Pas vraiment, non. Ça ne relevait pas de ma compétence.

Des dosettes de café, des gobelets.

— Ici tu vas voir, c'est l'Union européenne, c'est une usine à gaz, mais il y a des possibilités. Je vais voir ce que je peux faire.

Il ne m'a pas menti, il a fait ce qu'il a pu. Une semaine plus tard :

— Bon, Serge, tu n'auras pas tout ce que tu as demandé. Sur l'exercice en cours, ce sera un peu moins de 40 000. L'année prochaine, on pourra sans doute t'accorder autour de 250 000 euros. C'est un début, il faudra faire avec.

Faire avec ?

Et puis des sachets de thé, aussi.

C'est bien plus beau lorsque c'est inutile[55]

Dans ma toute nouvelle unité, je me plie volontiers à la tradition lancée par le grand chef, qui invite tous les jours son équipe commandement dans son bureau, pour y boire un café après le déjeuner. J'entre dans ledit bureau, où il papote avec mes trois collègues gradés et une invitée. Il la tutoie malgré la différence de grade, mais il y tient : il tutoie ses subordonnés, eux font de même et l'appellent Jean-Paul. Je m'y ferai, j'imagine.

La jeune femme m'avise, ouvre grand ses grands yeux et crescendo mitraille :

— Serge c'est toi je travaille à côté qu'est-ce que tu fous là tu es muté chez Jean-Paul je suis trop contente ?!

En deux grands pas elle m'enlace trop fort, m'embrasse trop fort. Je n'ai pas la mémoire des prénoms mais elle travaillait sous mes ordres au Centre de commandement, il y a deux-trois ans.

55. Edmond Rostand, *Cyrano de Bergerac*, dernière scène : « Que dites-vous ?... C'est inutile ?... Je le sais ! / Mais on ne se bat pas dans l'espoir du succès ! / Non ! non, c'est bien plus beau lorsque c'est inutile ! »

— Myriam, de la salle radio, tu te souviens ? Je suis OPJ aujourd'hui, je suis brigadier à la Sûreté !

Myriam et son débit de mitraillette, évidemment, Myriam ! Compréhension rapide des consignes, toujours calme sous la pression, comptes rendus concis, initiatives sensées, bon esprit, bien plus qu'une subordonnée efficace, un vrai bon flic.

— Oh Jean-Paul, attends, tu le connais pas, il faut que je te raconte le Serge ! Ce soir-là, on est une quinzaine d'opérateurs sous ses ordres. Moi, je tiens un pupitre radio et je reçois une énième fiche d'intervention sur mon écran. Je lis ce qu'a écrit mon collègue qui a reçu l'appel au 17 : « Deux ados se sont bagarrés sur les marches d'une synagogue, et ils sont partis. » Comme je pige pas en quoi la police est concernée, j'appelle au fil le requérant. Le gars me dit qu'il est rabbin, et que deux préados qu'il connaît, un juif un musulman, se sont chicorés devant la porte de la synagogue et que maintenant ils sont partis.

Ça me revient maintenant ne raconte pas tout le monde nous regarde je suis nouveau ici tout me revient chut tu vas me griller s'il te plaît tais-toi.

— Je dis au gars que si c'était juste une bagarre de mômes, de plus terminée et sans blessé, il n'y a pas d'urgence à intervenir, mais qu'une patrouille fera un passage plus tard dans la soirée, par précaution. Et là le type commence à m'engueuler, il exige notre intervention immédiate. Je lui réexplique, il s'obstine, il veut la police tout de suite, et pour finir il hurle : « Vous voulez pas intervenir ? J'appelle le consistoire, vous allez voir ! » et il raccroche. Bon, un malpoli de plus. Je résume sur la fiche, je lève une main vers Serge, il est pris au téléphone mais il me fait signe qu'il a suivi ma rédaction en direct sur son écran. Il lève un pouce, je passe aux autres interventions.

— Ouais bon, il s'est pas passé grand-chose après, on a juste…

— Oh Serge t'es gentil t'es plus mon chef c'est moi qui raconte !

Oui mais à cause de mes principes à la noix et de mes envolées à deux balles ma carrière se traîne, alors fini : mon héros Cyrano de Bergerac a raison, il a raison mais c'est un perdant, un perdant magnifique mais un perdant, et moi j'en ai marre de perdre mes batailles, dont d'ailleurs tout le monde se fout. Je me suis fait affecter ici pour me faire oublier, ou-bli-er ! En bon petit fonctionnaire, efficace, discret, un fonctionnaire c'est fait pour fonctionner, pas un mot plus haut que l'autre et dans un an je passe au grade supérieur. Profil bas. Il est temps. Myriam, chut.

— Vingt minutes plus tard, le grand patron de l'état-major appelle le superviseur, donc Serge. Il veut parler à l'opératrice en charge de l'incident devant la synagogue. Serge me transfère l'appel mais je suis à deux mètres de lui, donc il m'entend. Le divisionnaire est furax, il veut que j'envoie immédiatement une patrouille sur ce grave incident laissé sans réponse par ma faute, et il m'ordonne de lui adresser un rapport écrit ! J'en bafouille tellement c'est injuste, et con, et…

— Oui mais bon, personne n'a écrit de rapport, en fait c'était rien du tout : un évêque, un préfet ou je sais pas qui encore, un patron de club de foot ou une attachée de presse qui appelle un patron de chez nous pour une faveur, c'est tous les jours, toute la journée, il faut faire avec. Là, ça s'est réglé sans…

— Oh Serge, JE raconte. Ça s'est réglé mon œil, tu peux me croire, Jean-Paul, ça s'est réglé parce que Serge s'est levé et m'a pris le téléphone des mains. Il a parlé correct, rien à redire, mais quand je parle neutre comme ça à ma gamine, elle sent bien que houla ! maman va pas faire un câlin [elle prend une voix grave] : « Monsieur le divisionnaire, le superviseur en ligne. J'envoie une patrouille sur les lieux, et je vous transmets les éléments dès que j'ai leur compte rendu. Cela dit, mon opératrice m'avait signalé cette fiche, et j'avais validé sa décision. Donc si un rapport doit être rédigé, avec votre autorisation je m'en chargerai. J'y confirmerai que, à ce moment et quel que fût le requérant, aucun critère objectif n'aurait permis de déclencher en urgence une intervention de nos services. »

D'un élan d'une larme elle m'enlace à nouveau.

— Mon Serge mon seul gradé de toute ma carrière qui m'a sauvé mon cul !

Ça me touche Myriam, beaucoup trop, si tu savais ma Myriam, je t'aime quand même.

Car Myriam, dans ton dos, mon nouveau chef : ce faciès, ce sourire. Je connais. Je peux demander ma mutation.

Au chaud

[Mission – Afrique]

Afrique noire. Aujourd'hui 41 °C à l'ombre. Comme tous les jours. Depuis des millénaires.

Au briefing matinal, l'officier de gendarmerie français, expert enquêtes judiciaires :

— J'ai monté une formation pour les primo-intervenants : « Gel d'une scène de crime », et…

Tous à la fois :

— Sans déconner, Jean, trouve un autre nom.

Thèse, antithèse, synthèse

[Mission – Afrique]

Nos stagiaires locaux, policiers, gardes nationaux, gendarmes, sont très dissipés en ce moment, va comprendre. Autour de la table du meeting matinal, nous formateurs essayons de caler notre posture commune pour calmer, lors de nos futurs cours, tout ce petit monde sans offenser personne. Nous sommes des experts internationaux, nous avons un statut d'invités dans leur pays, il convient d'adopter une attitude commune qui soit ferme mais point trop, diplomatie oblige.

Anthony est jeune encore, il a une tête d'ado, mais il est taillé comme un buffle. Il est entré dans la police française avec pour ambition d'intégrer une prestigieuse unité d'intervention, c'est fait depuis trois ans : chapeau bas. Ici, il forme des unités à la protection de personnalités, domaine dans lequel il nous dit appliquer au jour le jour la « pédagogie en trois points », qui lui évite tout souci de discipline et a d'ailleurs un franc succès parmi ses stagiaires : il nous propose de l'adopter. Nous sommes formateurs en de nombreux domaines, deux collègues sont même formateurs de formateurs, et nous n'avons jamais entendu parler de ça. Pédagogie en trois points ? Tu expliques ?

— C'était ma première mission. On doit escorter deux gros voyous, deux vrais méchants, jusqu'au bureau d'une juge d'instruction. Avec un pote qui me supervise, je suis affecté à l'un des deux : le mec est plus costaud que moi et tu me vois, je fais pas gringalet.

« Je lis le dossier de mon gars la veille : ukrainien, deux meurtres prouvés à son actif, au moins deux autres soupçonnés, dangerosité maximum. Donc le lendemain, je le pince[56] et je lui adresse pas la parole. Mais bon, on reste longtemps confinés dans la salle sécurisée à côté du bureau de la juge, c'est la vie, on discute. Je boxe à un bon niveau, lui a été boxeur professionnel dans son pays. « Et pourquoi tu as arrêté ? — Parce que je savais pas m'arrêter. Une fois j'ai tapé l'adversaire trop fort et trop longtemps, même après l'arrêt de l'arbitre je frappais encore et encore, alors pour de bon il est mort. J'ai été viré de la Fédération, du coup je n'avais plus de revenus alors je me suis reconverti dans la protection rapprochée. »

« Tu parles d'une reconversion : tueur pour la mafia russe ! Mais on parle quand même technique, entraînement, tout ça, on passe le temps. Et là il me dit un truc

56. Pincer : menotter.

que j'oublie pas : « On n'en fait jamais trop. » Dans sa nouvelle activité, il s'est servi de son expérience de boxeur pro pour ne quasiment jamais frapper personne. Il se contentait de rouler ses gros yeux de fou, de dire avec sa grosse voix de basse qu'il allait démolir le type, et il se faisait obéir sans cogner. Il me joue le truc : la vache, déjà moi, ça me calme alors j'imagine, sur un gars pas féru de sports de combat ! Bref, il est finalement auditionné par la juge, je le ramène dans sa cellule, on se serre pas la main mais bon, un vrai dur.

« La semaine d'après, grosse journée commencée à 4 heures du mat', on interpelle du trafiquant armé au milieu d'une cité pourrie, et en rentrant : entraînement boxe à l'unité. Je suis fatigué mais chez nous, l'entraînement, c'est sacré. Pendant que je me change, je repense à ce que m'a expliqué l'Ukrainien. J'agis en conséquence. Mais j'ai pas assez dormi. J'aurais pas dû.

« Il faut m'imaginer, en short, casqué, le formateur finit de scratcher ses gants, je m'approche de lui torse en avant avec des yeux de tueur fou et avec une voix de fond de diaphragme je lui crache : « Je vais te défoncer ta gueule, vas-y, viens, enculé. »

« Les collègues instructeurs postés derrière les cordes se tournent tous vers moi dans un silence genre pas normal. Lui : « Tu fais quoi, là ? » Un peu gêné, je lui explique, l'Ukrainien, les gros yeux, l'ascendant psychologique, tout ça. « Mais grand con, faut le faire à quelqu'un qui t'a jamais vu ! Tu veux faire peur à qui, à moi ? Tu oublies que c'est nous qui t'avons sélectionné, on te connaît par cœur ! Garde ça pour les méchants dehors, biquet ! — Ah ben oui, d'accord, excuse. Bon, on s'entraîne ? — Ben non. Tu m'as mal parlé. Je vais te défoncer. »

« Il m'a défoncé.

« C'est pour ça que, concernant votre problème de discipline, je vous propose la pédagogie des trois points :

« petit 1) Tu joues pas avec l'instructeur ;

« petit 2) Ou l'instructeur te défonce ;

« petit 3) Voir petit 1.

Et la clim'

Réunion d'état-major, donc aréopage de grands galonnés autour de la table, plus un gradé petit seulement, mais que fait-il là ? C'est simple, j'ai été convoqué.

— Monsieur Reynaud, vous êtes chef d'équipe au centre de commandement : vos vingt fonctionnaires y ont des responsabilités, la salle est climatisée, les fauteuils y sont confortables, ils n'ont aucun risque de se prendre une balle perdue, ne font jamais d'heures supplémentaires, c'est le rêve par rapport au boulot de voie publique ! Or, pratiquement tous ont rempli une demande pour retourner sur le terrain. Vous avez une explication ?

Aïe. C'est parti.

— Monsieur le divisionnaire : un opérateur au 17 reçoit des centaines d'appels tous les soirs, c'est nerveusement épuisant. À l'épuisement s'ajoute l'inconfort moral car toute la soirée, il ment. Par exemple, chaque soir il traite des dizaines de coups de fil pour des tapages nocturnes, et chaque fois, il ment : « On arrive au plus vite, monsieur. » Or, on n'a pas les effectifs : il rédige la fiche intervention, il la transmet sur l'écran de l'opérateur radio concerné, mais il sait qu'on n'enverra personne, tout simplement parce qu'on n'a personne.

Question purement rhétorique : l'impassibilité soudaine des participants est-elle un signe d'assentiment, ou vaudrait-il mieux que je la ferme ?

— Certes, mais ils ne font pas que ça : ils pilotent toutes les interventions, ils commandent les équipages policiers de tout le département à la radio, c'est tout de même une responsabilité valorisante, ce n'est pas donné à tout le monde !

— Effectivement, monsieur, l'alternative à la réponse au 17, c'est de passer au commandement des patrouilles à l'extérieur. Mais il n'y a pas assez de patrouilles. Il doit donc affecter les interventions qu'il estime les plus urgentes aux équipages disponibles, forcément en en laissant certaines de côté, par exemple les tapages nocturnes.

« Il ne peut pas être sûr de prendre la bonne décision. Et si un tapage qu'il a écarté dégénérait en homicide ? Si une erreur de jugement de sa part générait des morts ? Sans aller aussi loin, les tapages nocturnes, c'est l'infraction qui pourrit le plus la vie de nos concitoyens, et il ne peut rien y faire.

« Pour finir, soit il est débordé d'appels et il ment au public, soit il gère des dilemmes insolubles devant son écran d'interventions qui déborde. Ce n'est pas comme ça qu'il voyait son métier, monsieur. Alors oui, il veut quitter la salle radio.

D'un « Merci major » chiquenaude, le grand chef clôt le sujet et passe à la star des brainstorms policiers : le recueil et l'analyse statistiques. En français courant : comment triturer nos chiffres de la délinquance pour transmettre à la Place Beauvau ceux que le ministre veut lire.

Dix jours plus tard, 20 h 30, le même chef d'état-major entre dans le centre de commandement et, au milieu des cliquetis de clavier, de la rumeur des opérateurs 17 et des radios :

— Monsieur Reynaud, vous m'envoyez un équipage au 146 avenue Pic-Bleu pour un constat de cambriolage.

Je vérifie à l'écran : une opératrice 17 a enregistré ce vol avec effraction il y a moins d'une heure, elle a avisé le requérant du passage de la police technique demain matin pour les constatations et la recherche d'empreintes. Procédure standard, rien de plus à faire d'ici là.

— Monsieur, un équipage pour un simple constat cambu ? Je n'en ai plus en réserve : j'en ai deux sur des violences conjugales, deux sur un colis suspect à la gare, un sur un vol violences, un sur une suspicion de…

— C'est l'appartement de Jean-Christophe B., l'animateur télé, et je viens de recevoir un appel de la Place Beauvau : vous envoyez quelqu'un chez lui. Maintenant.

— À vos ordres.

J'annule la mission d'une patrouille et l'envoie chez le saltimbanque, devant mes subordonnés bien silencieux. Non, mutiques.

Je ne vois pas pourquoi : des responsabilités, de bons horaires, un bon fauteuil, aucun risque, et la clim'.

Au voleur !

Je n'ai pas assez de pierres de la bonne taille et de la bonne forme pour restaurer mon mur en pierres sèches. Or j'habite dans un pays de cailloux, il me suffit d'aller les chercher.

Me voilà donc à frisquet midi, glanant à force de bras autour de ma voiture sièges baissés et toutes portières ouvertes, au milieu d'un champ de grosses pierres.

Dix minutes plus tard, une Smart bicolore arrive à fond, freine au bord du chemin, un quinqua en sort très énervé :

— Qu'est-ce que vous faites là ?

— Euh, bonjour. Je fais exactement ce que vous voyez : je ramasse des cailloux.

— Et de quel droit ?

Le type imite bien la fureur, mais c'est tellement absurde qu'il y a forcément une suite à la blague, donc je la joue en mode rigolard.

— Comment ça, de quel droit ? Un droit de ramasser des cailloux, j'ai oublié de remplir un formulaire ?

— Vous avez l'autorisation du propriétaire ? Vous êtes chez quelqu'un, là, et vous lui volez des pierres !

Le gars, finalement, est vraiment furax. Dès lors je passe en mode inexpressif, débit calme, ton neutre, bras ballants, visage en planche de palissade.

— Ah ? Je suis là en plein jour, habillé en rouge et bleu, à trois cents mètres du village, à découvert, à vingt mètres de la route : on peut pas dire que je sois très doué, comme voleur. Et si vous m'autorisez une question : qui êtes-vous ?

— Je suis adjoint au maire ! dit-il, exhibant matamore une carte barrée de tricolore, je vais photographier votre plaque pour vous identifier, et…

— Pas la peine. Voilà mon permis de conduire, je ne me cache pas : j'ignorais simplement qu'on pouvait voler des pierres.

Face à un citoyen lambda jouant au ramasseur de cailloux au milieu de ce nulle part minéral, l'intervention surjouée du Charles Bronson champêtre aurait dégénéré en vingt secondes au remaniement de faciès façon « Tu y tiens à tes pierres ? Prends-en une dans ta gueule, déjà ! ».

J'ai géré longtemps du cogneur d'épouse, du chauffard, de l'escroc ou de l'émeutier, j'ai pris trois minutes à jouer la désescalade : cette fois encore, je n'ai tué personne.

Cela dit, tout le canton doit savoir que « le flic à la retraite qui vient d'acheter la maison au-dessus de la vallée, en fait, c'est un voleur ».

En fait, j'aurais dû le tuer.

Juste un piaf

[Mission – Afrique]

Ici de toute éternité résistent au plus juste des dromadaires, quelques chevaux, chèvres et moutons étiques que les hommes du désert ont toujours traités sans méchanceté, à grands coups de trique. Ici, sans vice aucun ils bastonnent l'ânon tirant la charrette surchargée, frappent la chèvre pour la faire entrer dans l'enclos, ils charrient vivantes les poules, les pintades par paquets de quatre, cinq attachées par les pattes, effarées, ailes emmêlées, tête en bas.

Un policier local stoppe le pick-up débordant de ballots de paniers tressés, le conducteur descend, détache le paquet de gallinacés fixé à la poignée de la portière et le jette à l'ombre pour pas qu'il crève d'insolation, en attendant la fin du contrôle.

L'observateur européen que je suis tord la gueule devant les poules entortillées dans la poussière ocre rouge. Le coq s'est brisé une aile, bec grand ouvert, langue sortie, qui tressaute incohérent en folie d'agonie.

Et alors, policier français ? Ce soir ou demain le coq, on l'égorgera, on le cuira, on le mangera. Ici tu sais, nos enfants meurent, de faim, de la malaria, ils meurent du choléra ou bien d'autre chose, on sait pas toujours pourquoi mais ils meurent, on n'y peut rien ils meurent, alors ton piaf…

Dans mes vertes Cévennes, peu avant mon départ pour l'Afrique, une biche avait traversé en crépuscule de silence le pré devant mon mas. De beauté, j'en aurais pleuré.

Après l'Afrique, je l'attends. Un soir sur mon pré, précautionneuse et noble, elle passera.

Cette fois, je pleurerai.

In situ

[Mission – Afrique]

L'un des ateliers du stage sécurité consiste à inspecter ta voiture avant de la faire démarrer. Les instructeurs préparent un piège, puis ils appellent quatre stagiaires.

L'un d'eux ouvre la portière le plus doucement possible et évidemment bipbipbipbip ! L'instructeur :

— Ceci était un système de mise à feu relié à 500 grammes de plastic : deux morts, deux blessés graves. Groupe suivant !

Mon groupe arrive, même procédure, mêmes précautions de Sioux. J'ouvre la portière : hasard, en même temps se déclenche l'appel à la prière depuis le minaret voisin, à pleine puissance.

Formateur moi-même, je retiendrai que beuglé dans un tympan durant un exercice de détection d'explosifs, « *Allahou akbar !* » stimule puissamment la cognition.

X

— Serge, tu la connais, toi, l'église Piecse ?

— L'église ?

— Piecse. On doit surveiller une procession de la Chandeleur à l'église Piecse dans le centre-ville. Jamais entendu parler.

— Tu l'écris comment, l'église Piecse ?

— Regarde, c'est marqué sur le message d'emploi : P, I, E, X, piecse.

— …

— …

— Dix. Pie X.

La retraite, ce naufrage

Dix centimètres de neige inviolée, au réveil sublimaient mes Cévennes. Dans un accès d'originalité confondant, je me suis habillé chaudement et, équipé de mon Reflex, m'en suis allé immortaliser les arbres déguisés d'hiver et autres chemins blanc sucre.

Une boucle d'une heure plus tard, j'étais de retour devant mon mas, satisfait de mon périple pictural mais quelque peu circonspect. Une unique série de pas était inscrite dans la neige, qui se dirigeait vers l'entrée. Or je vis seul, et ce matin je n'étais pas passé par là. Donc, quelqu'un avait emprunté ce chemin vers chez moi, quelqu'un qui n'y avait pas été invité.

Ses pas s'inscrivaient en ligne droite, aucune hésitation, qui partaient de la petite route, passaient devant la croix de pierre, visaient la boîte aux lettres, puis repartaient. L'intrus avait forcément agi moins d'une heure auparavant. Les traces étaient moins profondes que les miennes, donc un marcheur moins lourd que moi, d'au moins dix kilos. Pointure 38 maxi, sculptures très nettes et de profondeur égale, sans aucune marque d'usure : des chaussures relativement neuves.

La force exercée sur le talon comme sur la pointe était bien répartie, la neige autour, pas bousculée : il n'avait pas couru.

Pour finir, grâce à la méthode hypothéticodéductive, le policier retraité que je suis a mis vingt bonnes secondes à comprendre ce que tout le monde aura compris en deux : la factrice avait déposé du courrier dans ma boîte.

Voilà bien le seul héritage de ma carrière passée que je continuerai à chérir : parfois je me fais peur, heureusement, je me fais rire.

Du même auteur :

Chroniques de la main courante, Éditions François Bourin, 2009, puis Pocket, 2012.

Bonne nouvelle, c'est la police !, Éditions François Bourin, 2011.

Retrouvez-nous sur les réseaux sociaux :

City Éditions

www.city-editions.com
@cityeditions
www.facebook.com/cityeditions/
@CityEditions
@cityeditions

Achevé d'imprimer en janvier 2025
sur les presses de la Nouvelle Imprimerie Laballery
58500 Clamecy
Numéro d'impression : 412709

Imprimé en France

La Nouvelle Imprimerie Laballery est titulaire de la marque Imprim'Vert®